杨绛传

开在墨香里的兰芷

央北 著

北方文艺出版社

图书在版编目（CIP）数据

杨绛传 / 央北著．-- 哈尔滨：北方文艺出版社，2017.4

ISBN 978-7-5317-3815-2

Ⅰ．①杨… Ⅱ．①央… Ⅲ．①杨绛（1911-2016）-传记 Ⅳ．①K825.6

中国版本图书馆 CIP 数据核字（2017）第 039333 号

杨绛传

YANGJIANG ZHUAN

作 者 / 央　北

责任编辑 / 王学刚　王金秋
编辑统筹 / 刘志红
出版发行 / 北方文艺出版社　　网 址 / www.bfwy.com
邮 编 / 150080　　经 销 / 新华书店
地 址 / 黑龙江现代文化艺术产业园 D 栋 526 室

印 刷 / 北京高岭印刷有限公司　　开 本 / 720×1020　1/32
字 数 / 131 千　　印 张 / 7
版 次 / 2017 年 4 月第 1 版　　印 次 / 2017 年 4 月第 1 次印刷

书 号 / ISBN 978-7-5317-3815-2　　定 价 / 32.00 元

PREFACE

序

她有一个满满的春天

对于时间的畏惧，常来源于失去，沧海桑田、斗转星移的变化常常会让人感伤。而当一个人不再畏惧时间，坦然接受一切的时候，这个人就获得了生命的要义，她不再执着于金钱、物质、名利，获得了灵魂的解脱与永生。

撰写杨绛先生传记的时候恰逢春天。西北小镇的春天来得晚，直到四月中旬柳树才伸展开嫩叶，地上的蒲公英也才刚刚冒出头，我惊异于春天来得无声无息，来得这样美丽，这样的美丽在度过漫长的冬季后微小却震撼人心。由此我想到了杨绛先生的一生，如果一定要用一个词语去形容她，我想不应该是形容词，而应是一个固定的名词——春天。无声无息地来，以淡雅的姿态展现春天一般的温暖与美丽，淡雅素净、宠辱不惊。这百年多的人生，时间对于她而言不会失去，她像是一株永远盛开的兰花，不再向四季起誓。

时间跨过2015年7月时，这位历经沧桑风雨的老人就已经104岁了，百年的人生经历与感悟，让她的智慧影响了一代文学人，让她的爱情坚定了一代痴情人，让她的人生鼓舞了一代失落人。

这些经历与感悟不仅仅从她的人生中可以学习到，她还把这些写成文字，像汉谟拉比法典一样，永存于世。

她著作无数，从译作到散文再到小说、剧本，横跨多个领域，产生了深远的影响，杨绛先生翻译的《堂·吉诃德》成为西班牙与中国重要的文化交流里程碑，为此，西班牙国王特意为杨绛颁发了“智慧国王阿方索十世十字勋章”，以表彰她对西班牙文化传播做出的贡献。都说真正爱上一个人会觉得自卑，我想这所有荣誉与嘉奖不过是为了杨绛先生站在钱钟书身边时不觉得羞赧，但是杨绛先生对这些荣誉并不在意，她情愿低到尘埃里，做一个隐形人。她为了支持丈夫钱钟书写《围城》，甘愿放下那双执笔的手包揽所有家务，同时也是《围城》第一个最忠实的读者。这样心无旁骛的付出，养成了钱钟书的“誉妻癖”。

如何去形容她与钱钟书的爱情呢？

我想舒婷的《致橡树》最为恰当：

你有你的铜枝铁干，
像刀、像剑，
也像戟；
我有我红硕的花朵，
像沉重的叹息，
又像英勇的火炬。
我们分担寒潮、风雷、霹雳；
我们共享雾霭、流岚、虹霓。
仿佛永远分离，
却又终身相依。

人这一生一旦拥有了爱情的陪伴，生命就会变长变宽阔。杨绛如同持戟而守的卫士一样，坚定地守护着她与钱钟书的爱情。在这份爱情里，陪伴并不是简单的陪伴，更是坚定地守护。她的荣誉与成就，除了心里真正的爱好外，不过是为了让这份爱情锦上添花。

不用繁茂的枝叶彰显自己，不用丰满的果实装点自己，不用寒冷的风霜隔绝他人，就如平淡却充满生机的春天。这样的秉性使她经历磨难仍旧乐观人生，“二战”的炮火没能折弯她的脊梁，政治风暴没能让她放弃理想，亲人的相继离开没能让她失去对生活的信心。

回顾杨绛先生的一生，最令人动容的是她的心性。藏族有种说法，说人的心里开着一朵莲花。我想每个人的心里都应该有一株花，以过往的人生经历为泥土，从人生的黑暗与磨难中开出灵魂的花朵。

世间难得的不是财富与才华，这些都可以靠努力得来，真正难得的是根植于心底的善良，在这个崇尚物质、精神浮华的年代，读一读杨绛，看一看真善美。

CONTENTS

目录

第一章 温馨又蓬勃的家

第二章 一路书香

第六章 写一幕心中的剧

第七章 心和脚都扎根祖国

第八章 再苦也苦不到心里

第九章 有书，有你们

第十章 只有死别没有生离

第十一章 怀念的怀念

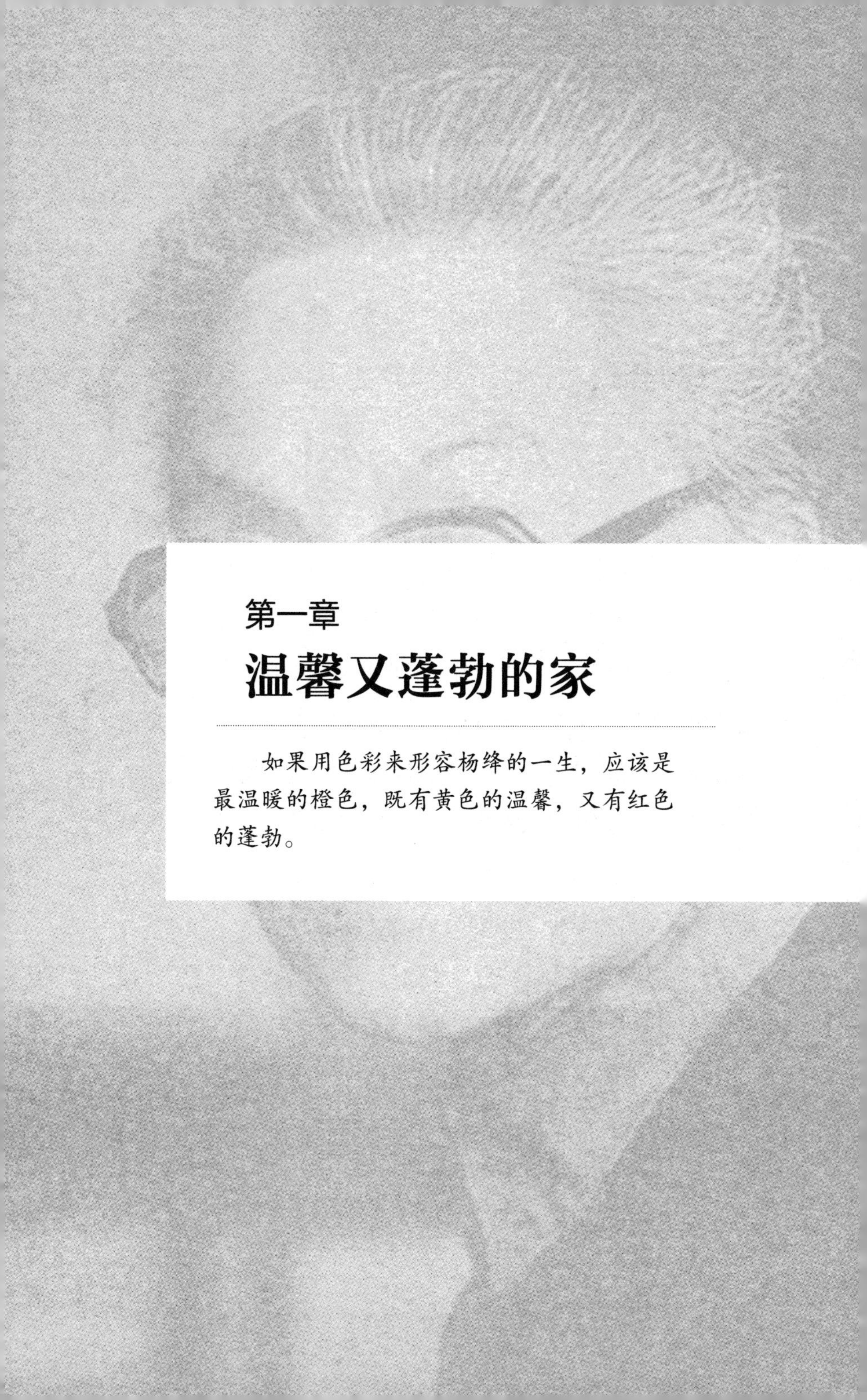

第一章

温馨又蓬勃的家

如果用色彩来形容杨绛的一生，应该是最温暖的橙色，既有黄色的温馨，又有红色的蓬勃。

我们仨

北京三里河的一幢三层旧楼，只有一家的阳台没有封起来。房子的主人说："为了坐在屋里能看见一片蓝天。"主人说这间寓所是"人生的客栈"，一旦被这么定义，似乎连屋前的云卷云舒都淡然起来，一百多载的时间，有时就像是这屋前的阳光，直到那束光从浅黄变成炽白再变成浅黄，才知一天早已过去。难能可贵的是如这一天中的阳光一般，人生最初与最后的色调都是一样的，所谓初心未改。

房子的客厅墙上还挂着"我们仨"的照片，从左至右：杨绛、钱瑗、钱钟书。时间没有拿走一切，至少回忆还在。

一个世纪的风雨，她以瘦小的身影撑起了整个家，也撑住了一代文学人的脊梁。

这座房子的主人，就是杨绛。

你说，回忆有多重？

你说，多少人期望当回忆时可以举重若轻？

你说，当初就是那么一刹那，回忆起来却要用一辈子。

大概所有的回忆都取决于回忆时的心境，清风明月、宋明山水的心，回忆起来往事也就如拂沙一般。

温馨又蓬勃的家

杨绛原名杨季康，于1911年7月17日来到这个世界。她出生在北平，书香门第，按她的说法那是个“寒素之家”。

杨绛的父亲是杨荫杭，字补塘，又名虎头，笔名老圃，是当时十分著名的律师，曾先后考入北洋公学、南洋公学，后留学到美国、日本，取得宾夕法尼亚大学法学硕士，创办过无锡励志学社和上海律师公会，担任过上海《申报》编辑，学而优则仕，担任过江苏省高等审判厅厅长等职。

杨荫杭是个有知识分子情怀的人，秉性刚正不阿，骨子里带着正气。他曾经在1921年的文章《说俭》中写道：

奢靡是君主政体、贵族政体的精神追求。而共和之精神，则力求俭朴，“孟德斯鸠论共和国民之道德，三致意于俭，非故作老生常谈也”，决不能“生活程度高而人格卑”！社会风气奢靡，会直接加剧贪污腐败、以权谋私的歪风邪气！

当时社会奢靡成风，而杨荫杭身居高位却能保持如此心性，现在读来依旧让人身贯正气。

在杨绛回忆父亲的书里，她把这个一辈子刚正不阿的清末民初知识分子，描述成一直坚守自己人生信条的“包公”，为了自己的信念坚持到最后。

杨荫杭于1895年考入北洋大学堂，学习十分努力，却中途被除名，不是因为他做了什么出格的事情，而是因为当时的一些学生闹学潮，遭到了“洋人”的镇压，一个领头的广东人被学校开除了。这件事震慑了其他参与的人，大家纷纷退缩，杨荫杭站出来说“还有我”，于是，就被一起除名了。但事实上，杨荫杭并没有参与这个学潮，他只是看不过大家被“洋人”吓破胆的样子。

杨绛的母亲唐须嫈，杨绛说，母亲这个古里古怪的名字肯定是父亲改的。因为父亲那时任京师高等监察厅检察长，每到元旦要去怀仁堂（中南海主要建筑物之一，原名佛照楼，1911年袁世凯将其改名为怀仁堂，并在此接见外宾、接受元旦朝贺）贺节，去怀仁堂贺节要穿夜礼服，需夫妇同行且还需要夫妇的名片。杨绛的母亲家是生意人，小名细宝，为了贺节之需，父亲给母亲名字改得古雅些，便用了“婺”字，意为好。

母亲是无锡人，与父亲同乡，两人同岁，二十岁时结的婚，恰是郎才女貌的年纪。母亲在上海女子中学务本女中上过学，是当时少有的知识女性。她面容清秀，端庄大方，虽然接受过西式教育，但身上依旧有着中国传统女性的优点，贤良淑德，结婚以后安稳持家，是德行并举的贤妻良母。

杨绛出生时上面已经有寿康、同康、闰康三个姐姐。按说，再得一个女儿应该不会受宠，但大概是因为这是父亲逃亡海外、留学美国归来后所生的第一个孩子，加之家里的姐姐们都不在父母身边，所以杨绛得到了独女的宠爱。小杨绛有时候哭闹，父亲就抱着她来回踱步，嘴里哼唱着摇篮曲，这可是兄弟姐妹中独享的殊荣。

父亲为她取名季康，小名阿季。

如果用色彩来形容杨绛的一生，应该是最温暖的橙色，既有黄色的温馨，又有红色的蓬勃。那些童年的趣事就像是这片橙色中的星辰，辉光闪烁。

趣事之一，是与吃有关。

父亲喜欢吃冰淇淋，杨绛出生那年，家里买了一只制冰淇淋的桶，杨绛出生那天家里恰好做了一桶的冰淇淋，小杨绛眼睛直勾勾地看着那桶冰淇淋，全家都觉得这是贪吃的小娃。二姑妈给她尝了一点，小嘴都冻僵了，依旧在吧嗒吧嗒地舔，回味一般的大人举动逗乐了大家。

趣事之二，是与穿有关。

四岁时，杨绛随父亲到北平。她第一次见到了满族人，这个人是他们的房东，是个梳着“二把头”、穿着旗袍、脚蹬高底鞋的满族女人。杨绛只见过上海女人穿的那种高跟鞋，未曾见过这种鞋跟在鞋底中央的鞋子。满族女人穿起这种鞋子走起路来，婀娜多姿，摇曳顾盼，杨绛出神地盯着看了很久，甚至不自觉地模仿起那女人走路的姿态。父亲在后看见笑着问：“你长大了想不想穿这样的鞋子？”小小的杨绛琢磨了下说：“想。”

随着年纪渐长，脱离了幼儿时期的懵懂，开始懂得人情世故与家庭温暖，在兄弟姐妹的陪伴下与父母的关怀中，杨绛一点点地感受着家庭的温暖。

父亲喜欢看饭后孩子们围在一起吃甜食，好不热闹。他把这样的家庭聚会叫“放放焰口”。“放焰口”是从盂兰盆会（中元节）借来的词儿，在杨家的意思就是爸爸请客，孩子们在这时可以问爸爸要吃的、用的、玩的。“放焰口”时举家欢乐，父享膝下欢闹，子享抚顶关怀，好不温馨。很多年后，杨家的孩子还是会要求父亲“放焰口”，吃什么或者玩什么都已不重要，重要的是人还在一起，心也在一起。

所有的兄弟姐妹里，只有杨绛最懂父亲的心，也最能照顾好父亲。

孩子们一般会在午饭后“放焰口”结束后自动散去，好让父亲午休。有一次父亲叫住阿季，说：“其实我喜欢有人陪陪，只是别出声。”阿季从此就乖乖地陪在一旁看书，一点声音也不出，像一只乖巧的猫。冬天家里只有父亲屋里生了火炉，孩子们都用烧炭的手炉、脚炉取暖。火炉须不时加煤，阿季手巧动作也轻，加炭时打扰不到父亲休息，姐姐和弟弟妹妹们都佩服她能加炭不出声。

在整个大家庭里杨绛最听父亲的话，其次最听三姑母的话，虽然三姑母是个严厉而刻板的人。

阿季六岁时，从第一蒙养学院学前班毕业，入辟才胡同女师大附属小学。那时她的三姑母荫榆在女高师任“学监”。三姑母说的话杨绛从小就听。杨绛在《回忆我的姑母》中，写道：“我还是她所喜欢的孩子呢。我记得有一次我们小学生正在饭堂吃饭，她带了几位来宾进饭堂参观。顿时全饭堂肃然，大家都专心吃饭。我背门而坐，饭碗前面掉了好些米粒儿。三姑母走过，附耳说了我一句，我赶紧把米粒儿捡在嘴里吃了。后来我在家听见三姑母和我父亲形容我们那一群小女孩儿，背后看去都和我相像，一个个白脖子，两撅小短辫儿；她们看见我捡吃了米粒儿，一个个都把桌上掉的米粒儿捡来吃了。她讲的时候笑出了细酒窝儿，好像对我们那一群小学生都很喜欢似的。那时候的三姑母还一点不怪癖。”

缘分已在冥冥之中

幸福与快乐一定是要以苦难与悲伤来描边的，唯有经历难以攀爬的险峻高山才能看见最美的天空。我们在人生这条道路上，总要忍受着刺痛来握紧玫瑰，要痛过方知玫瑰艳丽的珍贵。

1917年5月初，交通部总长许世英涉嫌贪污巨款，时任京师高等检察长的杨荫杭传讯交通部总长，同时搜查证据，一切严格依法进行。杨荫杭将贪污巨款的总长拘捕扣押了一个晚上，那个晚上，杨家电话一夜不断。天亮之后，杨荫杭就被停职了。此前，司法总长张耀曾出面干预，不顾媒体揭露，议会质问，意欲停止调查此案，杨荫杭不予理会。没承想，在搜查证据时，司法部以检察官“违背职务”为名将杨荫杭停职。虽然杨荫杭停职时间不长，但精研法律、热衷法制的杨荫杭已经心灰意冷，对官官相护的北洋政府失望透顶，再无意做官，于是辞职南归。

1919年，当火车的汽笛声响起时，一家人知道要与这座北方的城市告别了。那时阿季不过八岁，只是个好奇而天真烂漫的小女孩。她在火车上问父亲："这火车上座椅的扶手怎么还包着丝绒、镶着花边？"父亲告诉她，这是头等舱。而火车车厢的另一端阿季看见方形的车厢，没有座椅，像是客厅，有桌子，还有汽水，还有沙发。她问父亲："那是几等车厢？"父亲没好气地回答："二等！"她那时还不明白为何二等（车厢）怎么比头等车厢还要好，父亲为何会如此没好气，当然也就无法知晓父亲对于在华洋人特权的反感了。

火车汽笛声远去，一家人又上了轮船，船上又脏又乱，一家人互相照应着挤在一起。三姐说还没看过海上的日出，并跟阿季约定，早上要记得叫醒三姐去看日出。最后还是三姐叫醒了阿季，两人人生第一次看见了海上日出：日轮一点点融化地平线，从海平面上冒出头来，光线奔涌而出，跳跃在不断波动的海水上，闪着朝阳独有的光芒。阿季那时还不知道如何形容这样的壮阔，只是说："好看极了！"后来忆及此事，杨绛觉得，只要是一家人在一起，哪怕船脏路远也是温馨有趣的。

而后又乘坐"拖船"，等到无锡老家时，一家人已经筋疲力尽。当时杨荫杭已经预先租下一所裘姓宅院，可又不满意，亲友便介绍了流苏声巷的一处旧宅，父母带着杨绛去看。那个房子不是别人的，正巧是钱钟书家的。当时两家人并不认识，两个孩子自然也不认识，后来两人成为夫妻，聊起的时候才发现冥冥之中已经有了擦肩的缘分。

杨荫杭没有选择这个宅子，因为住在那房子的女眷说，搬进以后，再也没有离开过药罐子，似乎暗示着这是一个晦气的房子。杨家最后还是在沙巷的裘姓宅子里住了下来。阿季不觉得这个房子差，反而觉得还不赖，因为正好有条河从院子里穿过，不用出家门，站在木桥上就看得见河，河上大小船只来来往往，有趣极了。

江南水乡盛产鱼虾，杨荫杭住在这里最爱的一道菜就是“炝虾”。刚从河里捞出来的小虾，鲜活乱蹦，以清水洗净，用葱椒酱油一浇，扣上碗，待小虾在碗里吸足酱料，再掀开碗，便是一道美味。父亲和家里人都爱吃，除了阿季。阿季怕吃活东西，不敢尝鲜。

不知是否是因为吃生食鲜虾不干净，一家人除了阿季都病了。父亲病得最严重，高烧不退，后来竟说起胡话来，病重的时候说满床都是鬼，母亲站在床前，双手做驱逐扫荡状，说鬼都驱走了。父亲是留过洋的人，看病只相信西医，无奈当时无锡只有一个西医，可西医来了只是取了血样和粪样送到上海去化验，没开出一点药。后来母亲怕父亲挺不过去，去请了中医，是位名医，可名医来了只是号了脉，未曾开方子，那时医生不给开方子就意味着没救了。父亲的老友华实甫（著名中医）也来探望，并答应母亲，“死马当活马医”，给开了方子。就这样，中药被母亲伪装成西药，父亲一服一服服下，身体竟有了起色。大概是命运眷顾，又或是母亲无微不至的照顾起了作用，父亲的病好了起来，一家人提着的心终于又重新落回了肚子里。

没有人能预见时间这条路上的风景，我们所能做的就是安然接受苦难，珍惜遇到的缘分。

初识书滋味

搬到无锡之后，母亲便把阿季和弟弟们安排到了家附近的大王庙小学。学校是个不知名的大王的庙改造的，只有一间课堂，十分简陋，小学总共四个班大约八十个学生，全部挤在这间大课堂里，学校除了校长之外只有一位老师。虽然杨绛在大王庙小学只待了半个学期，但对她来说这是段生动的回忆，里面有孙光头的趣事，有校长打学生却发现是自己的儿子的闹剧。在大王庙小学读书，少了正规教育的系统化，但却让这段读书经历顺着生活的枝蔓生长，处处弥漫着生活的气息。

杨荫杭是认定孩子们都要上学的，无论男孩还是女孩，一定要接受最好的正规的教育。不久，杨绛就去了上海启明女校，开始了真正的读书生涯。

启明女校坐落于上海原法租界徐家汇圣母院内。这是法国天主教会1867年在上海专门为非教徒建立的一所著名女子学塾，20世纪20年代后改称女校。随着杨绛就读启明女校，全家人也搬到了上海。

在这里，照顾学生起居，教导学生功课的都是修女，学生们叫她们“姆姆”。学校的作息时间极其严格，每天早上六点打铃，起床梳洗；七点打铃，排队上厕所，然后到饭堂吃早饭；十二点午饭；下午四点半吃点心；六点晚饭。吃饭的时候不准说话，当然节假日会自由一些。晚上还安排有夜课。学校一个月放一天假，住在本地的学生可以由家长接回家。

启明女校严格的作息和学习计划，让杨绛受益匪浅，后来杨绛回忆说，学会判断和自我克制，对一个人性格的形成很重要，她感谢启明生活从小给予她这方面的培养和锻炼的机会。

1923年，杨家由上海迁往苏州。这次搬家的原因，是父亲病后身体渐渐复原，重新进入法律行业，可上海社会过于复杂，父亲并不喜欢，遂决定定居苏州。在阿季放假回家时，父亲觉得启明中学是教会学校，害怕教会学校影响孩子的自由思想，所以请杨家的“教育家”（三姑母杨荫榆）为阿季和三姐重新在苏州选定学校，起初选定的是苏州景海女校，后来因为杨荫榆去振华女校做了演讲，觉得振华更好些，所以杨绛最终转入振华读书。

那时的振华条件不好，校舍是振华第一任校长王谢长达先生家的老宅加盖后的简陋建筑，如轿厅成了礼堂，大厅成了课堂，上层连成一片，都是教室。因为是加盖的缘故，房顶常常掉灰，上课的时候也不例外，学生们都笑说像是往馄饨里撒胡椒面。阿季去了振华女校，有一种回到了大王庙学校的感觉。

随着年岁渐长，她不再像年幼时那么贪玩，而开始贪看书了。当时父亲教她一篇《左传》，她自己通读了全文；英文课本选有Ivanhoe《劫后英雄传》的选段，她不满足，暑假里自己借着字典读完了原著；生病时在家就读狄更斯的《大卫·科波菲尔》，后来又读《寄小读者》及苏曼殊的作品，读书成了她最大的爱好。有一次，父亲问她："阿季，三天不让你看书，你怎么样？"她说："不好过。"父亲又问她："一星期不让你看呢？"她说："一星期都白活了。"

阿季读高中一年级时，国文老师讲诗，也命学生写诗，杨绛的习作被《振华校刊》选登。

斋居书怀

俯视溪中鱼，相彼鸟饮啄。

豪谈仰高人，清兴动濠濮。

世人皆为利，扰扰如逐鹿。

安得遨游此，翛然自脱俗。

当时孙伯南先生批："仙童好静。"

勇敢说不

阿季十六岁那年，还在读高中，北伐战争胜利，学生活动遍地开花，常常上街游行或是开群众大会。杨绛的学校自然也参与了，当时的活动是上街搞宣传，拿个板凳，站在上面向路人演讲，呼吁人们参与革命。阿季也被推选去宣传，但她年纪小面子薄，不想去。当时苏州常有轻薄女孩的事情发生，年轻女孩站在板凳上，说不定会被这些轻薄之人围观。这样的场面，阿季想也不会有人好好听演讲。那时，很多封建人家的小姐只要说家里不同意，就可以推免此事。阿季也想学她们那样，回家给父亲汇报这事，没想到竟被父亲一口拒绝。父亲说："你不肯去，就别去，别借爸爸来挡。"阿季还不放弃说："少数得服从多数啊。"父亲说："该服从的就服从，你有道理，也可以说，去不去在你。"

父亲给阿季讲了一件自己的事情。他任江苏省高等审判厅厅长的时候，一位军阀到了上海，当地士绅联名登报欢迎，父亲当时的一名下属未经他同意也把父亲的名字加在了欢迎名单里。父亲当即登报声明，他没有参与欢迎。当时有人劝他：“当作不知道就可以了，声明也可不必了。”父亲说完，问阿季：“你知道林肯的一句话吗？Dare to say no！你敢吗？”

不懂得拒绝一事，往往是方便了别人为难了自己，在人生前进的道路上不懂拒绝而背上了许多负累，难免会拖慢脚步。拒绝是守住自己底线的一种方式，更是一种对他人的尊重。勉强去做，总归是做不好，倒不如把这个选择的机会还给别人，别耽误了别人的时间。

阿季明白了父亲的用意，可她并没有什么合适的理由。只能去了学校说，我不赞成，我不去。后来这事被校长得知，校长训斥了阿季，可她依旧没去。后来上街演讲的同学被国民党的军官请去游园吃饭，校长生怕后有文章，这事倒也就此作罢。

父亲对于杨绛的影响远不止于此，父亲就像是一盏灯一样，在繁复的人情世故与道理纲常上，为她照亮一条路，让她自小就懂得什么该做，什么不该做。

有一次，父亲带着家眷去看望朋友，时任高官的父亲很少带着家眷拜访朋友，那一次出访家里人印象深刻。因为父亲的朋友是专门开着小汽车来接杨家一家人的。那个年代，汽车很少，而杨绛是第一次坐汽车。到了父亲的朋友家，发现汽车只是个开端，那家有着体面的仆人、芬芳的花园，还有富丽堂皇的别墅。一家人赞叹这家生活的奢华，父亲在旁淡淡说了句："生活起居够用就好，何必浪费。"

即便大权在手，父亲也未曾奢华一点，这句话父亲常挂在嘴边，他也希望自己的孩子像他一样，在这个充满诱惑的繁华世间，能做到束身自修，做个"好人"。

杨荫杭在对儿女的教育上也有独到之处，那就是尊重儿女的观点，从不强迫儿女去接受自己的理念。哪怕是功课不好，也不会责备，而是让他们顺其自然地成长，从不呆板说教。高中的时候，杨绛还不会分辨平仄声，父亲就说，不要紧，到时候自然会懂。果然，不久杨绛就能把四声分辨出来了。这样放任自由的教育方式，想来只不过是对家庭教育氛围的自信，父母为榜样，儿女会差到哪里去，何须说教？父亲正派的作风让家里人都觉得父亲"凝重有威"，孩子们都怕他，不过怕也不是真怕，却跟父亲亲近，父亲的爱藏得深，但儿女们都看得见。

杨绛嗜书如命也是得到了父亲的遗传，更多的是父亲的督促。当杨绛对某本书很感兴趣的时候，父亲便把书放在她的书桌上。但如果杨绛长期不读，这书又会被收回来，相当于一种谴责。杨绛怕父亲收回书去，几乎每本父亲放的书都读了。

振华女校的学习经历为杨绛的一生打下了牢固的根基，她说："我虽然初入振华，感觉处处不如启明，校舍简陋，程度浅，同学们小心眼儿，排斥我；作为一个敏感的女孩，有过失落感，不开心。不过慢慢就开窍了，逐渐发现和体会振华办学的特点和长处，觉察自己的任性和无知。校舍虽然简陋，学生人数少，大家挤在一起，像是家庭的聚会。教学水平其实不低，很有一批优秀教师，可惜我那时太孩子气、调皮，错过了向名师求教的机会。另外，通过课外活动，学到很多本领，学会克服困难，学会做事。”

回忆是个很神奇的东西，时间、心境不同会产生不同的效果。中年时，回首童年少年是羡慕与怀念，老年时回首童年少年是淡然与甜蜜。多少人在回忆时祈求一种举重若轻的心境，生怕跌入回忆，人这一生往前走，会看脚下、看前方的灯，但更重要的也许是回头看看曾经。

对于杨绛来说，学业繁重的学生生涯，断然不能少了趣味，可有些趣味却是以自己的尴尬为代价的。其中《记章先生谈典故》一文趣味横生。事情是这样的：杨绛就读的高中，常会请一些名人来讲座。有一次校长吩咐杨绛做记录，杨绛同大姐一起去，可大姐打扮时间太长，到了礼堂时已经迟了。杨绛作为记录人员只好坐在前台，章先生方言极重，讲的话杨绛听不懂，可她又不好意思不动笔记录，生怕章先生以为她听得不认真。杨绛这样写道：

章太炎先生谈的掌故，不知是什么时候，也不知谈的是何人何事。且别说他那一口杭州官话我听不懂，即使他说的是我家乡话，我也一句不懂。掌故岂是人人能懂的！国文课上老师讲课文上的典故，我若能好好听，就够我学习的了。上课不好好听讲，倒赶来听章太炎先生谈掌故！真是典型的名人崇拜，也该说是无识学子的势利眼吧。

我那几位老师和太老师的座位都偏后，唯独我的座位在讲台前边，最突出。众目睽睽之下，我的一举一动都无法掩藏。我拿起笔又放下。听不懂，怎么记？坐在记录席上不会记，怎么办？假装着乱写吧，交卷时怎么交代？况且乱写写也得写得很快，才像。冒充张天师画符吧，我又从没画过符。连连地画圈圈、竖杠杠，难免给台下人识破。罢了，还是老老实实吧。我放下笔，干脆不记，且悉心听讲。

我专心一意地听，还是一句不懂。说的是什么人什么事呢？完全不知道。我只好光睁着眼睛看章太炎先生谈——使劲地看，恨不得把他讲的话都看到眼里，这样把他的掌故记住。

我挨章太炎先生最近。看，倒是看得仔细，也许可说，全场唯我看得最清楚。

到了最后，听章先生讲课成了看章先生讲座。可这也透露出杨绛先生宁愿丢人也不愿意弄虚作假，看着章先生讲座虽略显奇怪，总归也是摆正了态度坐在那儿。

> 记得早先少年时/大家诚诚恳恳/说一句　是一句/清早上火车站/长街黑暗无行人/卖豆浆的小店冒着热气/从前的日色变得慢/车，马，邮件都慢/一生只够爱一个人/从前的锁也好看/钥匙精美有样子/你锁了　人家就懂了。

这是木心先生写的《从前慢》，从前的人慢而真，现今的人快而假，若是一切都能如同写书或是回忆那般慢下来，世间倒也不再缺乏爱了。

爱与珍贵的品格都是时间里的蚕丝，快了是看不见、抓不住的。

杨绛传

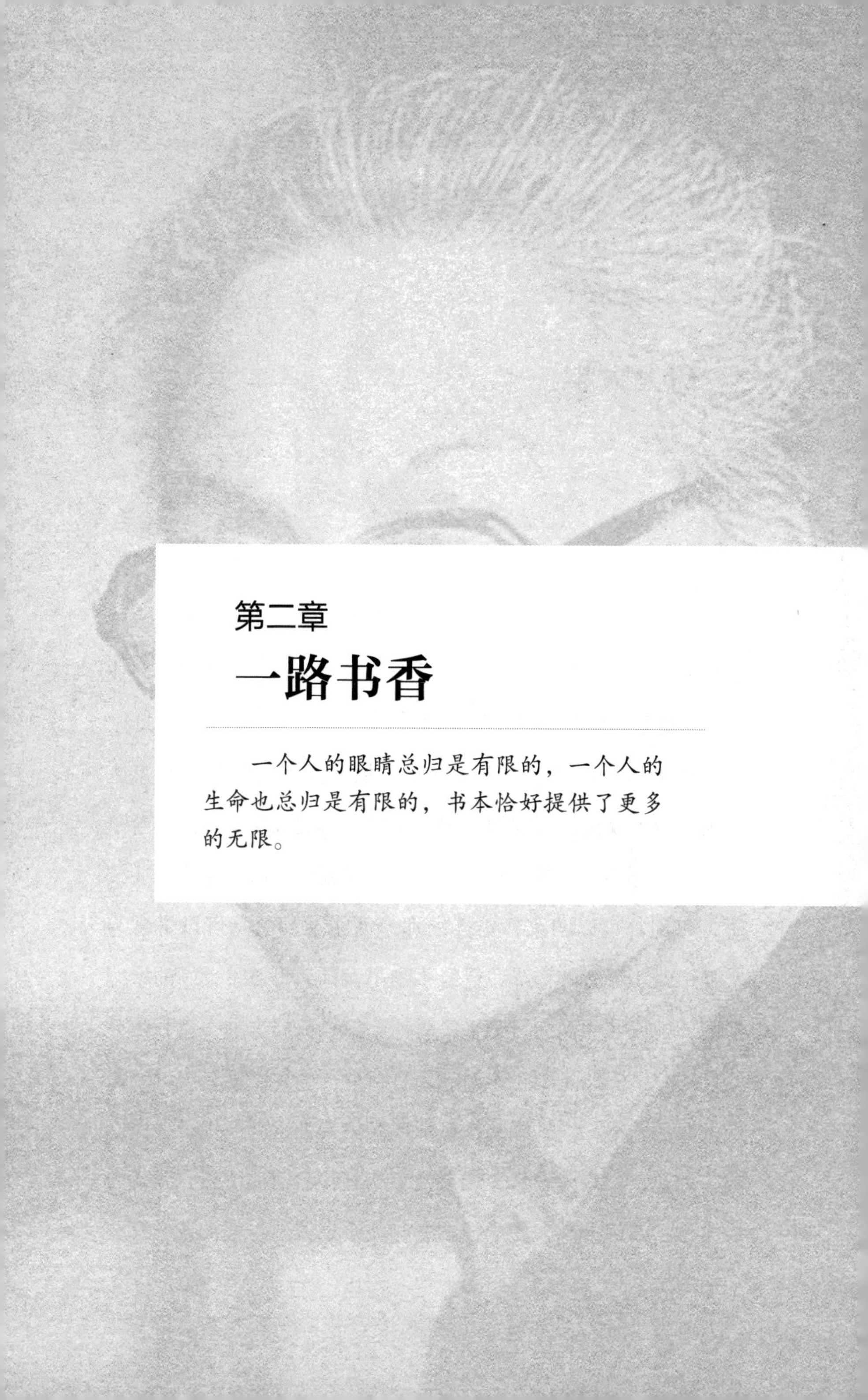

第二章

一路书香

一个人的眼睛总归是有限的，一个人的生命也总归是有限的，书本恰好提供了更多的无限。

初上大学

书卷多情似故人，晨昏忧乐每相亲。眼前直下三千字，胸次全无一点尘。与书的相会，对于杨绛先生而言不仅仅是课业所需，更是如同约会一般的愉悦。

在振华上学的时间，是一家人相聚最多的时间，在家庭的相聚中不仅仅能有家的温暖，更能常与父母交流对话，对于杨绛来说这是一生最为珍贵的时间。在振华读书的时候，住校时，每周都可以回家，走读的那一两个学期更是可以常常与家人相聚。那时的杨绛，已经不是小女孩，得益于良好的家庭氛围，她已经能同父母亲平等对话，做较深层次的交流，体会他们的心情。父亲刚正不阿、正直自律的处世态度，与母亲温婉敦厚的性格，对杨绛的性格形成和为人处世都产生了很大影响。她说："我曾设想，如果当年一直在启明读下去，我就会像大姐、二姐一样，受学校的影响大于家庭，与家人多少有些隔膜，不会似现在这样亲。”

杨绛是家中第一个上大学的孩子，她用了五年时间修完了六年的中学课程，1928年从苏州振华女校提前毕业。按理说提前应该是件好事，可以把富足的一年留给以后的人生，可就这提前的一年让杨绛错过了心心念念的清华大学外国语文学系。

回头去看当初的选择，才发现选择并无对错，所有的选择不过是为了下一次选择做准备。

当时杨绛考下了两所大学，一是南京金陵女子文理学院，二是苏州东吴大学。东吴大学的入学考试，杨绛初试是第一，复试是第二。因为杨绛是家里第一个上大学的孩子，成了家庭的焦点，所有人都关心她应该上哪所大学，大家都提出意见。上女校，太闭塞，单一的性别交往不利于性格的发展；进东吴大学，可以多结交一些朋友。

当时东吴大学最好的两个专业是医学预科和法学预科，前者三年毕业可直升北京协和医学院，后者可直接升入上海东吴大学法科。

在振华读书时，杨绛听了南丁格尔的故事，深受感动，想学护士，父亲告诉杨绛，学护士不如学医。小时候上生物实验课，要求学生剥掉螃蟹的壳观察螃蟹的心脏，别的同学都剥掉了螃蟹的壳，只有杨绛迟迟不敢动手，她一剥螃蟹的壳螃蟹就开始挣扎，她替螃蟹疼得手都软了，更不敢剥下螃蟹壳了。

大学时还抱着读医学的梦想，那时杨绛与美国人陶乐珊是好朋友，陶乐珊的父亲是名医生，当时陶乐珊的父亲要做一台大手术，陶乐珊问杨绛是否有兴趣去看。杨绛表示感兴趣，陶乐珊替杨绛穿上护士服带她混进了手术室。手术是为患者插一根皮管子到胃里，因为患者喉部堵塞，无法饮食。手术时陶乐珊与杨绛站在不妨碍人的近旁，怕杨绛承受不了，陶乐珊说："假如你晕倒，我抱你出去。"杨绛倒是没有晕倒，完完整整看完了整台手术，但是足足两个星期不想吃肉。此后杨绛更加觉得自己不适合读医科，那只剩下法科可以选了。想到父亲是法科出身，杨绛去问父亲的意见。父亲坚决反对她去做女律师，鼓励她选自己喜欢的学科，无奈当时东吴大学没有文学系，杨绛只能选读了政治系，可她对政治没多大兴趣，只能每日去图书馆饱览文学书目，填补自己内心的失落。

真正开始到东吴大学上学时，杨绛欣喜之外，更多的是娇羞。杨先生说："我初到东吴，还比较害羞，面皮太嫩，不够大方。有人为我作了十首旧体诗，是振华初一的老同学费孝通偷给我看的。现在还记得一句'最是看君倚淑姊，鬓丝初乱颊初红'。这也是我最初不大方的写照。"那时的杨绛正值花样年华，那一点的娇羞就像是含苞待放的花朵透露出的那一点点微香。

"淑姊"是杨绛的室友，两人常在一起，就出现了诗句里的场景。

杨绛入校头一年，东吴女生宿舍还没建成，女生也不多，大家住在一座小洋楼里。那本是一位美国教授的房子，在当时，这条件已很优渥。起初，杨绛同四五个女生一起住在一间大房子里，后才与淑姐住到了小房间，这里的淑姐便是“淑姊”了。

窗外草木葳蕤，墙上布满了绿油油的爬山虎，空气清新得就像是水里洗过一般，若不是窗外偶尔的鸟鸣和过往的学生提醒着她，她常会觉得这是一处世外桃源。

窈窕淑女，君子好逑

学校的书本隔绝了世俗的烟尘，时间一笔一画认认真真地在这里写下“青春”二字。

杨绛天生肌肤莹润，江南的水像流进了皮肤里一般，白里透红，仿若有桃花的光泽。刚进大学时，因为梳了个娃娃头，加上那桃花似的面容，杨绛被同学们称为“洋囡囡”，因此而闻名全校。有同学甚至在球赛的记分牌上画了杨绛的简笔肖像，到最后竟成了球队的吉祥物。起初杨先生对这个名字很反感，觉得大家把自己当个玩具，是种耻辱。后来得知同学们不但没有恶意，甚至可以理解为一种喜欢，也就大大方方地跟同学们相处起来。

有人说，这样年轻优秀的姑娘，肯定情书不断。但杨绛从不认为自己是美女，也不在意自己的容貌，曾经有人为钱钟书写传记，写到她时她还特意写信声明：“我绝非美女，一中年妇女，夏志清见过我，不信去问他。情人眼里则是另一回事。”腹有诗书气自华，何况她还是个有着桃花面容的雅致女子。面对这些追求者，杨绛反应很冷淡，只自顾读书，男同学们也懂了，写信来都是说：“你还小，当读书，不要交朋友。”

不过总会有堂·吉诃德式的勇士，想要闯一闯难关。那时的大学，因为书香浓厚，萌动的爱情也都质朴纯洁，男女同学约会都是去阅读室，藏在一隅，说些小情话。杨绛晚上常一人独坐一端，顾着读书，没人来打扰。只有一次，倾慕杨绛已久的男同学，假装喝醉了，塞给杨绛一封信。杨绛没收下信，那时她已在东吴大学待了三年，对于这种事情早已不像当初那般害羞了，懂得如何处理。她说：“你喝酒了，醉了？信还给你，省得你明天后悔。”第二天这个人见到杨绛，向她道歉，还说了谢谢。

大学生活

在东吴大学读书时，杨绛最好的朋友是周芬。周芬是从苏州女中考入东吴大学的，学医。她朴素安静，读书用功，各方面都很优秀，曾经获得苏州全市演讲第一名。周芬身材高挑，面容娟秀，与杨绛站在一起，一高一矮，都是气质非凡。两人在大学里同进同出，谈天说地，很是契合。周芬家在北京，她其实与杨绛很早前就见过面，那时杨绛还在北京。周芬的母亲在北京女师大附中任教，学校有个女生因为分数低自杀了，周芬母亲特来杨家找当时担任女师大学监的杨荫榆商谈，来的时候带了两个孩子，一男一女，男孩是周芬的哥哥，女孩自然就是周芬了。

杨绛和周芬都喜欢音乐，周芬会吹笙，而杨绛会吹箫，几个要好的女孩子约到一起在课余活动时合奏民乐，曲子都是当时流行的。几个人合作熟悉了，都能互相配合上，曲子一天比一天好听，还一起参加了东吴民乐队的演出。

杨绛和周芬不仅仅擅长演奏乐器，也会唱，唱的不是歌曲而是昆曲。杨绛小时候家里请了一位拍曲先生，按照杨荫杭的意思，先生本是要懂音韵之学，可拍曲先生不懂音韵，便教了一家人唱昆曲。杨绛唱小生。周芬也唱昆曲。两个人不仅唱能唱到一起，聊天时还用“说白”的调子，这怪怪的说话方式，俏皮又幽默，常常被对方逗得哈哈大笑。

东吴大学是所教会大学，要求自然比其他大学要严格一些。东吴大学规定，男生下午四时以后可以出校门溜达，女生却不让。女生哪里乐意，几番争取，先是允许女生由女佣买点心送过来，而后又允许四年级下午四时以后可以出校门，但是最远不能超过博习医院。那时校方的说法是，校园大，多暗处，怕女生有意外，实则是担心男女同学在暗处谈情说爱。

杨绛与周芬没有男朋友，门禁对于她俩来说很是苦恼，杨绛就找舍监说理，为何不让女生散步。舍监无奈，只能由着她们去。不过舍监晚上增加了查房，但明面上不说是查房，只是端一盘杏脯请大家一人吃一个。

杨绛与周芬倒是不管查房的事情，依旧得空就出去，夜里也不例外。不过，自从杨绛与周芬后来在校园里散步时遇到了两个追求她们的男生，两人狼狈逃回宿舍后，再也不敢夜间出去。

大学里充满着生机与力量，是谈感情最美好的时间，也是读书学习最佳的时间。杨绛是好读书的人，也是会读书的人，在东吴大学里英文与国文都是全校一等一的，东吴大学1928年英文级史就出自她的笔下，1929年中文级史也是出自她，当时因为害羞，她用了笔名“含真”。

在东吴大学，因为读的系不是自己感兴趣的，杨绛常去阅读室如饥似渴地读书，不仅仅是中文书，还有很多外文书，东吴大学非常重视外语，阅读室里有很多书籍都是原版的英文书。在看了大量的原版英文书后，杨绛的外语水平越来越高，这为她日后做翻译打下了良好基础。

杨绛读书从来不是死读书，属于真正会读书的人，能从书中得到乐趣。因为记性强、悟性好，读书也未曾耽误了她的青春年华，该玩的是一样也没落下。

大学时，杨绛对体育颇感兴趣，那个时候大学里的女生还是很少，杨绛在排球功夫渐长之后，参加了校里的女子排球队。

第一次排球比赛是与邻校的球队，杨绛的球队占了主场的优势。球赛打得相当激烈，第一次上场的杨绛，沉住气，鼓足劲，作为发球手时远距离发球，球在空中划出一个漂亮的弧线，绕过对方接球手径直砸到了地上，顺利得了一分。球赛以东吴大学获胜而圆满结束。

往事虽已过去，当初那份兴奋而欣喜的心境却保留了下来。当初比赛的胜利是团队的胜利，但对于第一次上场的杨绛而言，能得一分意义非凡。杨绛回忆起这件事还是兴高采烈，每次看排球赛，她都会对旁人说，我也得过一分。

也许是因为杨绛成长的环境一直到读东吴大学都是安逸而单纯的，保留了她性格中天真童趣的一面。在东吴读书的时候，杨绛还是像个孩子一样顽皮。那时早饭是馒头，杨绛就把馒头搓成虫子的模样，放在书上佯装害怕，等到好友周芬看见了，她就拈起那条“虫子”佯装吃掉，借此来吓唬周芬，谁知道周芬不上当，反而识破了她，追着她满屋子“报仇”。

1931年，杨绛升入大学四年级，当时中国爆发了震惊中外的“九一八”事变，因为蒋介石下令不抵抗，全国很多学生先后奔赴南京请愿，要求国民政府对日宣战。满腔热血的学生，充满了报国的理想。

东吴大学也不例外，有学生到南京请愿。而后学潮越来越凶，政府接管了东吴大学，改教会大学为国立大学。学生由几个激进分子领导，不许上课也不许去图书馆读书，所有学生亦不许离校，每天排练军操。

振华的校长知道东吴大学的情况就打电话给杨绛的母亲，让杨绛的母亲去学校接杨绛回家。杨绛与周芬同住，不好丢下周芬一人，杨绛的母亲先带着她和周芬的书本离开学校，等到下午四点学校允许学生出校门的时候杨绛与周芬再一起溜回家。

此番变故也预示着杨绛在东吴大学的生活将告一段落了，而另一段大学生活也在向她招手。

惊觉父已老

杨绛在大学三年级的时候，振华女校的校长为她申请到了美国韦尔斯利女子大学的奖学金。这是一个出国深造的好机会，但奖学金只够负担学费，生活费等还需要自己出。当时父亲已经答应承担这部分费用，可是一家人生活的开支都压在父亲身上，杨绛不忍心，这是其一；其二，杨绛是一直心心念念要去读文学系的，这倒不是说外国的大学不好，而是就文学而言还是自己祖国教得更好，那么首选就是杨绛一直想进入的清华大学。这两点原因让杨绛放弃了留学的机会。

后来杨绛的大弟弟因病去世，对父母打击颇大，杨绛庆幸自己当初没选择出国，否则又会给父母添加压力，他们此时此刻已经心神俱疲了。

在北平求学的第一个暑假，一家人在一起吃饭，父亲忽然放下碗筷，略带深沉地调侃自己说，阿季，爸爸最近闹了个笑话。

杨绛察觉气氛不对，继续听父亲讲，原来是一次开庭时，轮到父亲发言时，他开不了口，全场静默等了许久，他依旧开不了口，最后案子不得不推迟开庭。

其实杨荫杭是得了“中风”，一时说不出话来。杨绛听父亲讲完这件事情，心里酸楚难抑。伟岸而严肃的父亲，正在用病痛调侃自己不中用了，好似一瞬间父亲发上就飘了雪，一下就白了。不知不觉中父亲已经老了，杨绛眼泪止不住地往下掉，父亲赶忙安慰她说已经好了，不需要担心。

那次生病之后，父亲的身体大不如从前了。案子也不再接了，结束了自己经营半生的律师生涯。在结束律师生涯时，父亲手里还有一件案子没办完，需要写个状子，之前杨绛好多次都想帮父亲分担工作写状子，可是父亲不放心，不让她写，这次却简单交代了几句就交给杨绛写，杨绛写好后交由父亲看，父亲只是改了几个字就交了上去。

父母与子女之间就像是有一根绳子，起初父母在前面牵着子女走，后来子女在前面走，牵着父母。时间应该是仁慈的吧，总会把当初父母身上的重担一点点交给子女，让子女自己体悟爱的深重这回事。杨绛能帮父亲写状子，既高兴又心酸，高兴的是自己终于能帮到家里了，心酸的是父亲就这么老了。杨绛写的状子换了三百元钱的酬劳，后来作为小弟考入上海交通大学的学费。

清华园中初相见

东吴大学因为学潮越闹越凶，开学时间无限延期。杨绛是毕业班的学生，不能坐等，最后通过孙令衔办理了燕京大学的借读手续。父亲起初是不同意女儿北上读书的，提出了条件，要她约上男女同学各三人方可去读书。1932年，杨绛与周芬、孙令衔等人一同北上读书，到了火车站，一位女生突然变卦不去了，最后只得六人走。

费孝通来接他们。杨绛一考完燕京大学的入学考试就迫不及待去清华大学看望自己的老友蒋恩钿。名为去看老友，实则是带着对清华园的向往去的，毕竟杨绛当初一心一意想上的是清华外文系。与杨绛同去清华的还有孙令衔，孙令衔是去清华找表兄，两人约好晚上在清华女生宿舍"古月堂"见面，接杨绛一起回去。

蒋恩钿看见杨绛高兴得不得了，听说杨绛来燕京大学借读，当即就问杨绛为何不来清华借读。虽然杨绛已然办理好燕京大学的借读手续，可还是去打听在清华大学借读的事情。

当晚，孙令衔会过表兄，来古月堂接杨绛同回燕京，孙令衔的表兄也来了。这位表兄就是钱钟书。

两人于清华园中初见，晚霞已落，暮色刚起。一切都是寂静而不喧闹的开始，如参天之树的破土，只是在千万人中说了句你好，命运之盘便开始旋转，过去独自走的每一步似乎从那句问候开始有了意义。一旦近了，一旦开始了，一旦拥有了，梦也就开始做了。

蒋恩钿很快为杨绛办好了清华借读的手续，那时清华入学并不像燕京大学需要考试，只要在清华中有个住处就能借读。而蒋恩钿的舍友得了肺病，住进了医院，恰好腾出一张床位给杨绛。杨绛顺利借读清华园。

与杨绛一同来京读书的还有周芬，现在两人分居两校，杨绛心里过意不去，觉得两人本应在一校就读，互相有个照应，现在自己却换了学校。周芬却不在意这件事，她性格随和又肯努力，很快便适应了燕京大学的生活，况且两校邻近，串门也方便。

杨绛终于来到了清华大学的外文系，选修了朱自清先生的散文习作课。当时在清华大学能选修到朱自清先生的课是件很幸运的事情。那时朱自清先生已经显赫文坛，其散文真切动人，行文朴实，所有来听朱自清先生讲课的学生都希望从先生这里学到些写作的诀窍。

朱自清讲授的第一堂散文习作课，就留了作业：写一篇散文《收脚印》。“收脚印”按照江南地方的解释就是人死前会把生前的路再走一遍，意为回望与缅怀。杨绛写完《收脚印》后拿给朱自清先生看，先生觉得写得好，赞赏一番同时推荐给了《大公报·文艺副刊》的编辑沈从文，并于1933年12月30日刊登出来，成了杨绛的处女作，署名杨季康。

散文中这样写道：

> 每当夕阳西下，黄昏星闪闪发亮的时候，西山一抹浅绛，渐渐晕成橘红，晕成蛋黄，晕成浅湖色……风是凉了，地上的影儿也淡了。幽僻处，树下，墙阴，影儿绰绰的，这就是鬼魂收脚印的时候了。
>
> ……
>
> 层层叠叠的脚印，刻画着多少不同的心情。可是捉不住的已往，比星、比月亮都远，只能在水底见到些儿模糊的倒影，好像是很近很近的，可是又这样远啊！

杨绛所写，是刻画了一个魂灵在山水间重走了一遍人生路，缅怀、感伤的情绪氤氲其间，夜的背景也写得极为细腻，好似这夜也如同魂灵一般有了情绪，字句间弥漫着欲去还留的不舍之情，可见当时杨绛的笔力。

文章发表后，《大公报》给了五元的稿费，虽不多但意义非凡，肯定了杨绛的文字，为她日后走上文坛开了头。杨绛很珍惜这五元稿费，思来想去，给母亲买了一条围巾，还买了些咖啡糖。围巾连同咖啡糖一同寄回了家里，咖啡糖是留给妹妹吃的。杨绛的散文发表后，如种子破土了一般，朱自清又推荐了她的一篇小说《璐璐，不用愁！》到《大公报·文艺副刊》。

借读清华大学后，图书馆便是她常去的地方了。对于杨绛来说，图书馆就是宝藏的集聚地，每一本书都能带给她欣喜与快乐。清华的图书馆比起东吴大学自然要好很多，杨绛专门写了篇《我爱清华图书馆》来赞美这里："地，是木头铺的，没有漆，因为是软木吧？我真想摸摸软木有多软，可是怕人笑话；捺下心伺得机会，乘人不见，蹲下去摸摸地板，轻轻用指甲掐掐，原来是掐不动的木头，不是做瓶塞的软木。据说，用软木铺地，人来人往，没有脚步声。我跟她上楼，楼梯是什么样儿，我全忘了，只记得我上楼梯，只敢轻轻走，因为走在玻璃上。"

杨绛先生还把读书比作"串门"，书籍本来就是作者十几年甚至几十年的人生沉淀，你打开书本的那一刻就像是有位老翁或是老妪坐在火炉旁，对你说，你来了，然后一页一页给你讲述他或她这些年的人生沉淀。况且这串门与讲述还不收费，只是不备茶水，即便如此还是赚了便宜，单单一本书就读了一个人的思想，打开了另外一种看世界的角度。

在名师云集、课程丰富、学术自由的清华园，杨绛犹如跌进了蜜罐里，她自称当时“呒清头”，既选了西洋政治史、政治经济史、人类学、散文习作课等分量不轻的课程，还加选了英国浪漫诗人。

人最幸福的事情就是一辈子干自己喜欢的事情，最难的事情也是一辈子干自己喜欢的事情。虽然波折不断，可杨绛还是入读了清华大学，圆了当初的梦，更重要的是她对于书本的渴望从未消减，反而与日俱增。

可终归还是有遗憾的。杨绛先生曾叹息：“我生平最大的遗憾是没有上清华本科（那时的清华外文系处于全盛时期）。家人和亲友郑重其事为我选大学，恰恰选了一所对我不合适的大学。我屡想转清华，终究不成，命也夫！”

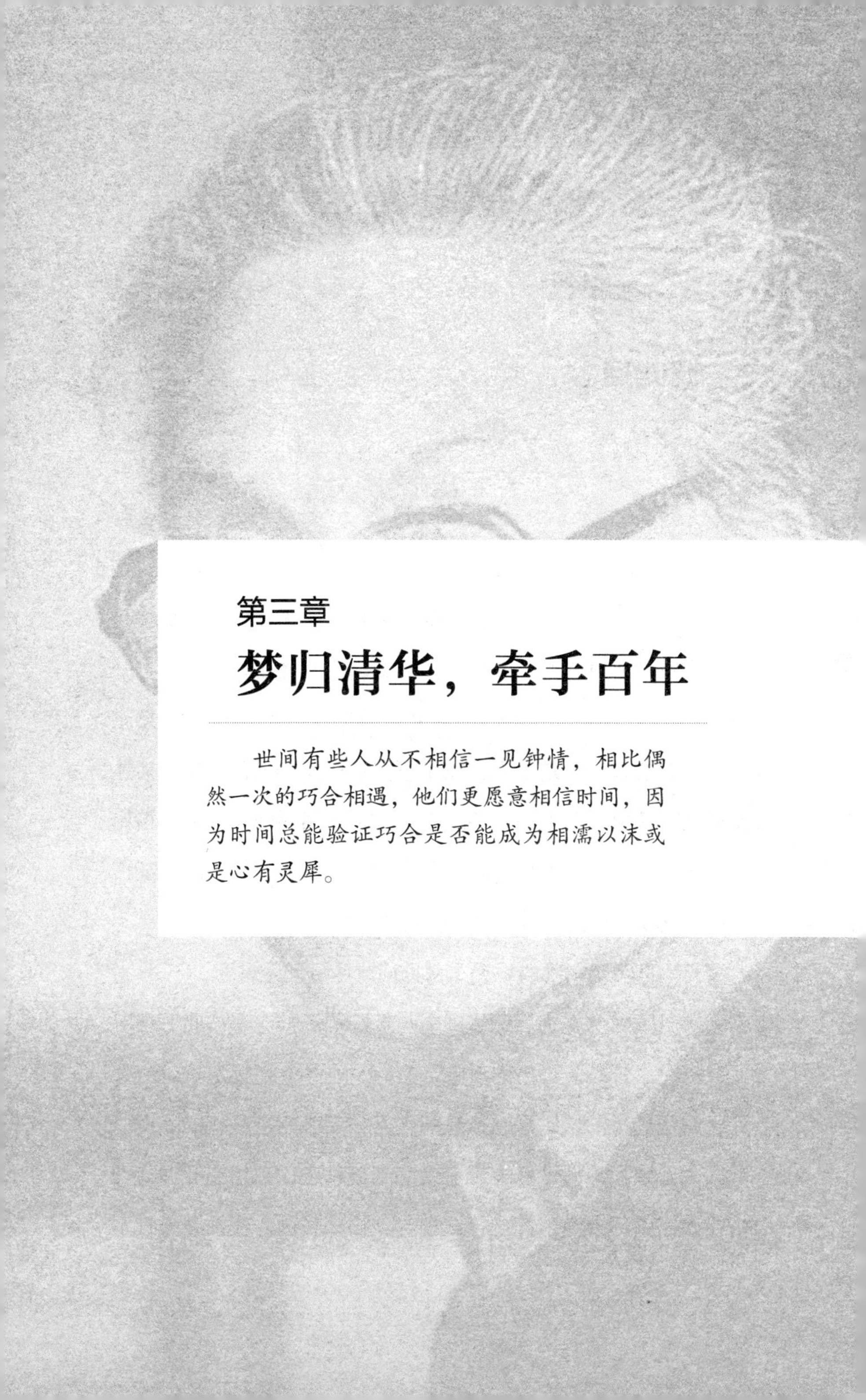

第三章

梦归清华，牵手百年

世间有些人从不相信一见钟情，相比偶然一次的巧合相遇，他们更愿意相信时间，因为时间总能验证巧合是否能成为相濡以沫或是心有灵犀。

彼此挂念

一见倾心，一见钟情。所谓一见钟情，大概也就是那么一眼觉得世间所有的光芒都被她攫了去，万丈光芒化成一个点，而她心里又伸出一座长长的桥来。有的人幸运地走上了那座桥，也有的人还没踏上去就跌了下去。毕竟一见钟情的后话还需要两相情愿。可世间偏偏还有些人从不相信一见钟情，相比偶然一次的巧遇，他们更愿意相信时间，因为时间总能验证巧合是否能成为相濡以沫或是心有灵犀。

见一面不难，难的是见了又见抑或是见了还想见。

古月堂匆匆一别后，钱钟书与杨绛都还挂念着彼此。那时钱钟书已经订婚，订婚的对象叶崇范，是孙令衔远房姑妈的女儿，这位远房的姑妈是叶恭绰的夫人，而叶崇范是她的养女。叶太太看中钱钟书，曾经带着女儿到钱家去，想招钱钟书为女婿。两家觉得家室相符且年纪相当，当即赞同。钱钟书一直不同意，可又找不到一个合适的理由，直至他遇见了杨绛。一见钟情后，他终于明白自己紧守的心门钥匙其实早就在他人手里了。而叶崇范也不同意这门亲事，她已经有了男朋友，在钱钟书遇见杨绛后不久，叶崇范跟着自己的男友私奔了。

钱钟书对杨绛一见钟情后，孙令衔想起远房的姑姑，便提醒钱钟书他已经订婚了，同时还告诉钱钟书杨绛已经有男朋友了，这样的一见钟情恐怕是一厢情愿。

杨绛的男朋友是费孝通，费孝通与孙令衔是好友，而费孝通喜欢杨绛已久，孙令衔自然知道。

若说一厢情愿，到头来还是费孝通一厢情愿，杨绛与钱钟书相见后不久就成了男女朋友。杨绛给费孝通写了一封信告诉他：我有男朋友了。

费孝通接到信后赶来清华想找杨绛说清楚，当时是在古月堂前，杨绛、蒋恩钿、袁震三人接谈的费孝通。费孝通已与杨绛相识多年，觉得自己更有资格做杨绛的男朋友，可任何一份感情的重量不是以时间作为衡量标准的。费孝通在转学燕京大学前曾问杨绛，我们做个朋友可以吗？杨绛回他："朋友，可以，但朋友是目的而不是过程，换句话说，你不是我男朋友，我不是你女朋友。"

一颗心只要认准了方向，哪怕风急雨骤，哪怕流言蜚语漫天。钱钟书一定要找杨绛说清楚，他心里认定了一定要跟杨绛在一起。他写了封信约杨绛相见。

爱情是一根心箭，目标准确，不留后路。删掉所有的虚与委蛇，删掉所有的哺糟啜醨，删掉所有的口是心非。

钱钟书说，我没有订婚。

杨绛说，我也没有男朋友。

几句简单的言语打散了彼此的疑虑。但此后的爱情篇章并不像是现在电子时代的恋爱，显得急不可耐。杨绛与钱钟书开始了长期的书信来往。

相思悟相爱

两个书香气浓厚的人谈起恋爱来也是书香味。不过是你介绍我看些什么书，我再介绍你看些什么书。

钱钟书信写得比杨绛勤快，几乎每天一封，一纸信笺，白纸黑字，似乎只有这样写下来了，才能表述出那颗骚动的心。写信就像是绣花一般，描谱绘图，字字珠玉刻画出一份爱恋的模样。清华园本就有邮筒，一封信寄出去还是会送到宿舍。因为少了见面，少了矜持与害羞，很多话可以在信里说，可说得多了，两个人见面反而不知道说什么，只能在路上散步，两人话语很少，可即便静默，这风、这树、这叶也有着柔情。

钱钟书的文采自然不必说，早就蜚声清华，写的信也是才华横溢，可杨绛却很少回信，钱钟书问她为何，她只答，不爱写信。钱钟书倒也没再说什么，可心里却抱怨着“别后经时无只字，居然惜墨抵兼金”，后来，钱钟书把这份情绪也写到了

《围城》里，唐晓芙也不爱写信。

杨绛回信不多，与钱钟书散步时也不选荷塘窄路，走的都是宽敞的气象台。可无论杨绛跟谁散步，跟钱钟书也好，跟恩钿也好，总会惦念着屋里那封信，似乎那封信就像是那人在等候她回去一样。其后两人越来越像情侣，开始走荷塘窄路，杨绛觉得自己好像爱上钱钟书了。

杨绛在清华大学读完了她的大学第四年，顺利毕业，在借读清华大学的第二学期得到了东吴大学的毕业文凭，还获得了金钥匙奖。结束了这段借读生活后，钱钟书建议她再补习一段时间，考取清华大学研究院，这样两人还能在清华大学相聚相守。学期终了，钱钟书放假回家了，就剩下了杨绛。钱钟书走后杨绛就受了相思之苦，一颗心就像是拴着一根绳子，人一走绳子就被勒紧，心里紧着疼，杨绛觉得自己一定是跌入爱河了，可又转念一想这才认识几个月，岂不是太过造次了？

杨绛回到苏州，钱钟书提出订婚的要求，杨绛拒绝了他。这并不是说杨绛不爱钱钟书，只是她觉得一切还早，她还有好多事情没做，考清华大学研究院需要补习清华本科四年的文学课，这一两个月怎么补得上。杨绛回到苏州后，经亲戚介绍在工部局华德路小学谋得一份小学教员的工作，月薪一百二十元，还有多种福利。这种职位是人人羡慕的金饭碗。

学校的工作并不像杨绛想象得那样简单，自己没做过老师，什么都不懂，只能抓紧时间学习，到了学校后的第一件事就是去了学校的图书馆，把认为有必要的书都看了一遍。

钱钟书一心想和杨绛同学一年，不赞成她放弃本年投考清华大学研究院，可杨绛一是因为教职繁忙，二是因为注射防疫针过敏发了很严重的荨麻疹，她无暇申辩，只能不理睬钱钟书。

钱钟书以为杨绛从此不再理他了，恋爱中那颗敏感脆弱的心更加摇摇欲坠，面又见不到，不能问出个所以然来，只能借由诗文来安慰自己的伤心。钱钟书写了很多伤心的诗，他写道：辛酸一把泪千行。可惜这泪千行没有流到信笺上更没有流到杨绛的心里。分开的思念更加让两人明白自己的心，既然没有真的分别那何来的辛酸泪呢?

旁人劝杨绛解释一二，恰好钱钟书又写信来，信中句句诚恳，满是喷薄而出的思念，杨绛被感动了，又恢复了与钱钟书的通信。两个人历经相识、相知、相思，终于悟到相爱，杨绛在信中让钱钟书来拜见自己的父母。

1933年初，钱钟书来到了苏州，经杨绛介绍见到了杨绛的父亲。杨父与钱钟书单独谈了一场话，想来必然是老丈人审查这位未来的女婿。都说女儿是父亲的宝，父亲对于女儿的终身大事自然是慎之又慎。

单独谈话后，父亲说，人是高明的。除此一句再无其他。

杨家的女婿都留过洋，而且工作与职位都是稳定有前途的，可钱钟书大学还未毕业，父亲对女儿未来的担心并不是多余的。

钱钟书倒是很机灵，在老丈人那里得到评语“人是高明的”后，不经与杨绛商量，先斩后奏，急急忙忙与父亲一道赶到苏州来拜访杨家，亲自登门求亲，并把媒人也一并带了过来——杨荫杭的老友。杨荫杭对于钱氏父子的正式求亲毫无思想准备，以为是杨绛本人同意的，只能尊重女儿的意思。

虽然两家都是开明的家庭，尊重儿女的意见，且杨绛与钱钟书从相识到相爱都是自由恋爱的结果，但还得遵循“父母之命，媒妁之言”的程序办理。同年盛夏，钱钟书从清华大学毕业，钱家要设订婚宴，因为杨荫杭身体不适，诸事从简。钱老先生夫妇由儿子钱钟书和钱老先生的三弟及侄女陪同，从无锡赶往苏州。

订婚宴设在一家普通的饭店，宴请两家的亲朋好友，男女分席。一顿饭吃得简单，但其中的寓意却不简单，一场酒席，昭告天下，此后两人再也不是朋友，更不是同学，亦不是情侣，而是堂堂正正成了未婚夫妻。

订婚宴上钱老先生第一次见到杨绛，但是之前杨绛与钱钟书的通信他大都看了去，除了那些看不懂的英文信。杨绛在信中对钱钟书说：“现在吾两人快活无用，须两家父母兄弟皆大欢喜，吾两人之快乐乃彻始彻终不受障碍。”钱老先生赞曰：

“此诚聪明人语。”可见在见到杨绛之前，钱老先生已经有好印象了。钱父后来还专门写信给杨绛，言说把钱钟书彻底交付给杨绛了，他很放心。杨绛收到信不知如何回信，问了钱钟书，钱钟书回道，不必回了。

重回清华园

杨绛在钱钟书的指点下，补习外文功课，顺利考取了清华大学研究院外国语言文学部，而此时钱钟书想报考中英庚款资助的公费留学考试。但是考取的条件是，申请人必须要有两年的社会服务经验。钱钟书应上海光华大学之聘，任英语讲师两年，月薪九十元。

两人一个在上海教书，一个要北上读书，又是一场分离，好在婚约已立，恋爱时那颗患得患失的心终于彻底安定下来。钱老先生特地把杨绛介绍给自己的朋友，约定同车北去，一路上照顾好杨绛。

钱钟书送杨绛去车站，两个年轻人，脚下似乎正迈开征服星辰大海的步伐，心里却默默地种下一颗思念爱人的种子，借由这短暂的离别浇灌成一棵相依相扶的连根树。

杨绛在清华大学借读时住在蒋恩钿的宿舍，到了研究院自然不一样了。清华新盖了静斋女生宿舍楼，研究生可以一人一间。杨绛喜欢接近自然，挑了三楼角上的房间，这间屋子恰好临山，透过窗子能看见山峦苍苍，层峦叠嶂，草木葳蕤，日落时是暮霭重辉，日出时是朝霞漫天。杨绛为自己能选到这样一间屋子而暗自庆幸，可到了隆冬，寒风凛冽，尘沙漫天，风卷着沙子从窗缝钻进来盖满了桌椅、床铺，杨绛不得不跟别人同宿。

在清华研究院读书的日子，时间总是紧得很，杨绛自知基础差又选读了很多课程，虽然经过一段时间的“恶补”，但自信心还是缺乏，因此对于课业上她也更加努力。

在法国文学班上，一次听写之后，老师阅完试卷点名“杨季康”，杨绛吓得要命，不知出了什么错，以为自己错得太多，连忙站起来应答老师。其实她的听写卷子是满分，老师很高兴。老师问杨绛她的法文是哪里学的，杨绛答，自学的。老师说，我的法文也是自学的。因为杨绛法文发音纯正，思维清晰，功底厚实，老师很欣赏她。课业结束时，所有同学要求免考，老师先问杨绛是否同意免考，杨绛同意免考，老师便一口答应免考。

杨绛在清华读书，钱钟书在上海教学，两个人隔得更远了，但每日的通信还是不变的约定。钱钟书的才气显露在信笺上，恋爱时男人的那份顽皮也显露在信笺上，他书信上发信人的落款总是千变万化。

男人若是对一个女人用情极深，从对对方的称呼上一眼就能看出来。钱钟书的书信上“奏章”这两个字是最常用的，有点禀明圣上的意思，一是表示杨绛在他心目中是极为尊重的，二是恋爱时似乎总要变点花样才能突出两人恋爱时的亲昵。杨绛看到总会笑，笑钱钟书的幽默也笑自己的幸福。钱钟书发信人的落款一次用了“门内角落”，杨绛不懂，问钱钟书。“门内”就是money的音，译作“钱”，而“角落”就是clock的音，译作“钟”，这就是钱氏幽默。

杨绛离家学习，想家想得厉害，每个寒暑假都回家。杨绛假期回家，钱钟书自然从上海来苏州拜见杨绛一家，与杨绛相聚。钱钟书曾对杨绛说她父亲“望之俨然，接之也温”。与未来岳父接触时间久了，那份陌生人之间的试探便转化为家人之间的亲情，自然亲近了很多。

1934年春天，钱钟书北上探望杨绛，和她共度春假。这对于钱钟书实属难得，对于他这种嗜书如命的人来说，一旦得闲，必定是哪也不去，只顾着读书。

钱钟书历来很少出游，在清华读书的四年里，只去过香山和颐和园，颐和园还是学校组织的集体游览。杨绛天性喜欢亲近自然，北上读书的一个学期已经遍游北京所有的远近名胜。钱钟书此番来看望杨绛，自然少不了到处游历。他在纪事诗中写道："某山某水愿能酬，敝舌焦唇汔小休；乞取东风晴十日，今年破例作春游。"

钱钟书此番北上在杨绛的陪伴下，游历近郊，看山玩水，爱情的心在山水间着色，一切都如当初遇见时那般清新，而如今牵手这般浓烈又不少分毫。两人在游泰坛途中遇见青年男女学生，那个时代能遇见这种亲密无间而又毫无杂质的爱，谁不艳羡呢？学生们纷纷驻足观望，一直目送他们走好远。后来钱钟书有篇诗文写道："欢子懊侬略已谙，嬉春女伴太痴憨。干卿底事一池水，送我深情百尺潭。"

你说，潭水有多深，是需要日夜的雨水，或是绵绵细雨，又或是瓢泼大雨才能在这原本干涸的地上积蓄成一潭深情的水。

相聚的时光总是短暂的，离别的号角早已吹响。钱钟书不得不回到上海，而杨绛独留此地。思念像是一根皮筋，离得远了就勒住了心，疼得厉害，靠近的时候无比畅快，等两颗心相聚时又是那么的亲密无间。钱钟书在离别时写："分飞劳燕原同命，异处参商亦共天。自是欢娱常苦短，游仙七日已千年。"

对于聪明的人来说，前程不是阻碍恋情的荆棘，而是一块坚实的基石，只有前程，两个人才能在这世俗之中抽丝剥茧般剥离出那颗玲珑剔透的爱情的心。

奔赴英伦

1935年春假，钱钟书没有北上与杨绛相聚。他在上海教书将满两年，已有资格参加留英考试。本届招收留英学生二十余人，可是英国文学专业只有一个名额。因为钱钟书早已名满清华，很多人听说钱钟书报考了便纷纷弃权。

钱钟书4月到南京投考。离别的情绪太浓，物是人非的感慨油然而生，他想起去年在旧京与杨绛一同春游，不知明年自己又身在何处，而杨绛又在哪里，因此写下了“两岁两京作寒食，明年何处度清明”的诗句。

钱钟书最终以高分考上了庚款留英。中英庚款董事会董事长亲自参加了主考，他对钱钟书印象很深，很赏识钱钟书。钱钟书将于当年初秋赴英留学，可他心里还有一件重要的事情没有解决，他生怕这一走就再也见不到杨绛了。钱钟书决定与杨绛结婚后一同出国留学。两人既然早已决定共赴天涯，杨绛自然同意，可是杨绛明年才能研究生毕业，她决定本学期结束后休学，自费留学出国。本年度的课业只剩下两门大课需要考试，她顺利交了大考的作业。

杨绛因为早就交了大考的作业，可以提前一个月放假。她给家里通信后就直接收拾行李回家了。杨绛到苏州那天，父亲午睡刚入睡，忽然觉得杨绛回家了，仿佛听见杨绛在屋里走动，父亲起来挨个屋子寻杨绛，里屋外屋都找了个遍，偌大的房子里只有母亲在做活。父亲问母亲，阿季呢？母亲说，哪来的阿季？父亲不信又问了句，她不是回来了吗？母亲说，这会儿怎么会回来呢？父亲将信将疑地回到屋里午睡，可是翻来覆去总是睡不着。杨绛一到家就放下行李奔向父亲的房子，父亲一边应答着，一边下床说，哦，这不是回来了吗？

杨绛回家后，父亲把这件事讲给杨绛听。杨绛在父亲面前始终是个撒娇的孩子，她说，我还没到家，心回来了，所以你觉得我回来了。父亲慨叹道，真是血浓于水，心连心，有了第六感。

出国深造一直是杨绛的心愿，当初是因为担心父亲担子太重而放弃了出国的机会，现在已能自食其力而且还有钱钟书陪着她更开心了。可唯一放心不下的就是年迈的父母，家里兄弟姐妹都在外，独留父母两人住在这偌大的堂屋里，她实在不忍心。父亲早已明了杨绛的心思，安慰杨绛，让她放心去，家里的事情他自会料理好。

杨绛办好自费留学手续，钱钟书也从南京考试归来，两人于1935年7月13日在苏州庙堂巷府举行婚礼。两人属于自由恋爱，但是婚礼却是新旧参半的，杨家新式，钱家旧式。

所有的种子都渴望结果的那一刻，就像是每个人都渴望有个归宿一般，当一切张灯结彩，当一切穿红戴绿，当一切锣鼓喧天，只有对望宣誓才能圆满这喜悦的节日。爱情没有圆满一说，可是婚姻里的白头偕老，膝下有子，这样形式化或是理想化的结合，给了爱情一种可以看见的圆满。爱情这种摸不到、看不见的事物，在此刻也被众人看见了，也被众人祝福了。爆竹的声响也不辜负使命，昭告天下，自此天地为证。

女儿出嫁，总归是到了另一个家里去做媳妇，双亲免不了伤感。杨绛回忆自己出嫁前的情景时说："我最难忘的是结婚前两天摆的那桌'小姐宴'，按照当年习俗，将出嫁的小姐在婚礼举行之前，父母摆一桌酒'请小姐'，和她告别。'小姐'的姊妹、女戚、女伴陪坐，父母亲则不参加。这是离别的宴席。阴历六月十一晚上摆的'小姐宴'，大厅上已挂灯结彩，月亮是十一夜的大半个，半圆不圆。姊妹及预先来帮忙或吃喜酒的姨妈、表姐等坐一桌，只爸爸妈妈不坐席，他们两个留在里面卧室里。虽然大家说说笑笑，其实气氛是非常凄凉的，姑娘时代即将结束，父母姊妹不得时时再见。我心情悲苦，一口菜肴也吃不下去。想到从此要到钱家去‘做媳妇’，离开亲爱的爸爸妈妈，心里非常难过。我想爸爸妈妈也舍不得离开我，没准此刻正在自己屋里落泪呢。”

婚礼是由钱老先生主持的，伴郎是钱钟书的表亲亦是好友的孙令衔，伴娘是杨绛的七妹。因为是新旧式混搭的，所以两人既有了夫妻对拜也有了交换结婚戒指的仪式，着装上也有了婚纱与礼服。婚礼完毕，拍照，夫妻换了衣服与众位宾客敬酒。

虽然仪式繁杂，可两个人始终是抱着愉悦的心情，一场婚礼下来，诸事顺意。婚礼完毕后，两人得去钱家，行跪拜礼，吃团圆饭。对于跪拜礼，杨父本是不同意的，以为是前清的废礼，可杨绛的三姐偷偷告诉杨绛自己早已磕过好几个头了。杨绛没顺父亲的意思，自己暗自吃了这个“亏”，不过，杨绛哪会觉得这是个“亏”呢。

一场繁复的婚礼，对于两位书生而言负担太重，两位新人都病倒了。按理说婚礼之后应到娘家回门，可两人都是力不从心。杨家母亲在家早就备好一桌饭菜等着女儿和新女婿回来，怎奈没有等到两人。杨绛对此深感内疚，没能回家，也没能打个电报告知母亲。

钱钟书病愈后赶去南京做出国前的培训。钱钟书走后杨绛在钱家挨了十日，要求回娘家，公婆让小姑子陪着杨绛。杨绛回到家里，杨家母亲招待了小姑子，临走前还让门房把她送上火车。

杨绛到家后就生了外疹子，病发得很严重，母亲担心杨绛的病，让她去无锡找名医，名医家有祖传秘方。杨绛只好离家去无锡看病，临走前母亲让杨绛带上两篓水蜜桃和一件常穿的衣服。水蜜桃是送长辈的礼物，杨绛与小姑子各吃了两个，倒不是因为贪嘴，只是这是母亲的心意，她舍不得浪费，更不忍浪费。

谁想，这是杨绛最后一次看见自己的母亲，三年后杨绛重回上海，家里只有父亲和大姐，因为战乱，母亲早已在一年前去世了。

杨绛在无锡看好病之后直接从无锡出发到上海预备出国，火车停靠苏州的时候，杨绛忽然泪如雨下，远方父母的思念撕扯着杨绛的心，她明白这也许就是父亲所说的第六感吧。

人们想起生命中重要的人时，总是在后悔当初离别的时候没能好好告别。可人总归是自私且贪婪的，如果那个人对于你极为重要，即便是离别也会坚信能再见到，好好告别这种事情对人们来说显得太过残忍。

所谓成长与成熟可能就是慢慢学会接受离别这件事。

杨绛与钱钟书到上海后逗留几天，杨绛住在三姐家，钱钟书住别处，两人各有应酬，都忙着告别，十分忙碌。杨绛回到启明女校参加校友会，当初的校长得知杨绛要出国，便介绍了同船的意大利公使，拜托他照顾杨绛。

两人出国前钱老先生还曾郑重其事地将一份“命书”交给杨绛，那份“命书”是当初钱老先生托算命先生算出钱钟书一生的简书，命书里言中了钱钟书与杨绛的婚姻，也言中了他们的女儿，但是对于钱钟书的寿命却出现了偏差，当然这是后话了。

两人一切收拾就绪，告别的话语也榨干了伤感，两人即将奔赴英伦，开启真正属于两人的篇章。

杨绛曾经读到英国作家所写的一段文字：“我遇见她之前，从未想到过结婚；我娶了她几十年，从未后悔娶她；也未想过想要娶别的女人。”杨绛将这句话念给钱钟书听，钱钟书回她，我也是这么想的。杨绛同样说，我也是这么想的。

冬天几万年来还是一样的寒冷，星辰几万年来也还是一样遥远，黑夜几万年来也还是一样漆黑，可你说为何单独身边多了这么一个人，冬天就暖和起来了，星辰也近了些，黑夜也会闪着光？

杨绛传

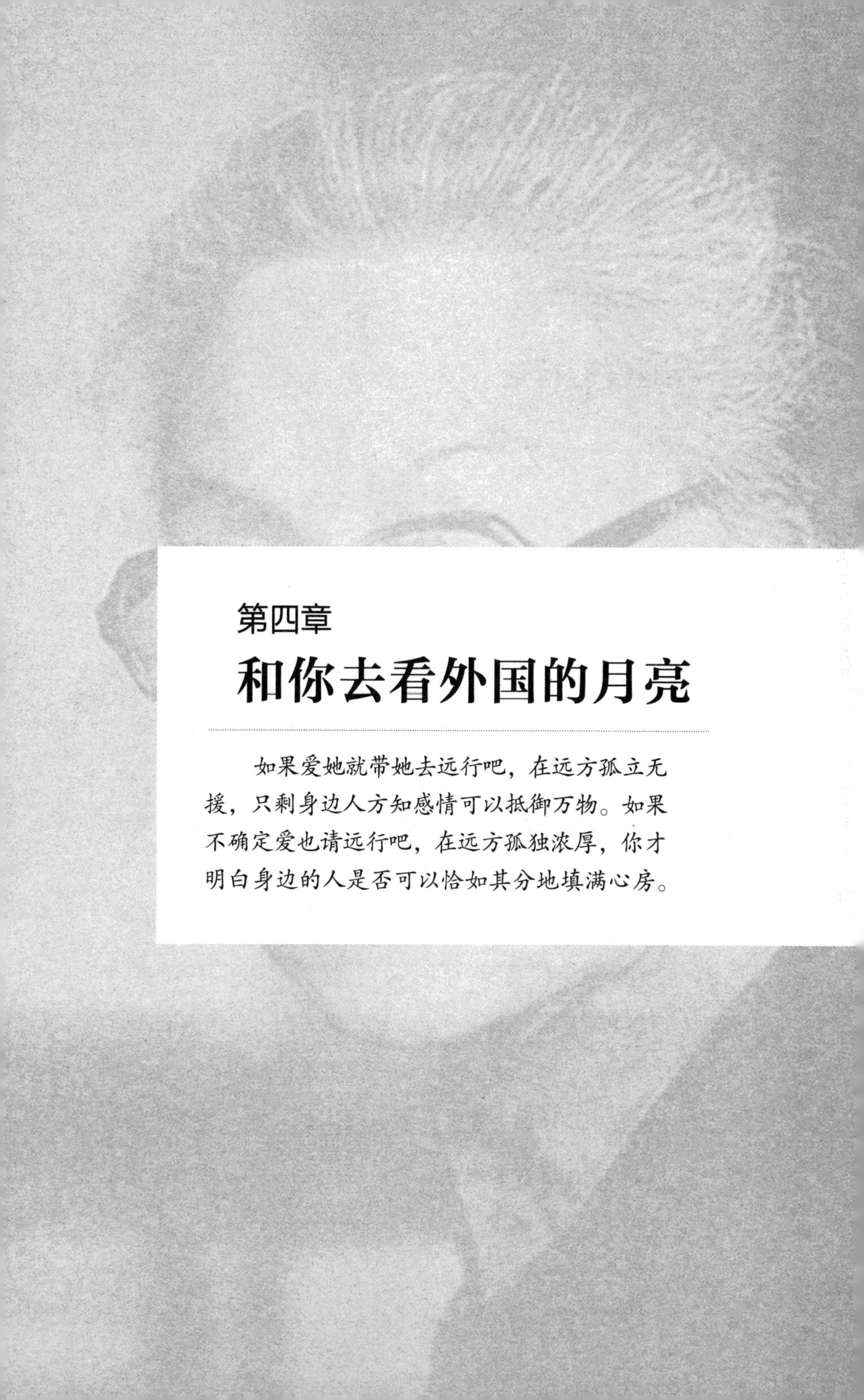

第四章

和你去看外国的月亮

如果爱她就带她去远行吧，在远方孤立无援，只剩身边人方知感情可以抵御万物。如果不确定爱也请远行吧，在远方孤独浓厚，你才明白身边的人是否可以恰如其分地填满心房。

带她去远行

如果爱她就带她去远行吧，在远方孤立无援，只剩身边人方知感情可以抵御万物。如果不确定爱也请远行吧，在远方孤独浓厚，你才明白身边的人是否可以恰如其分地填满心房。

1935年盛夏，开往远方的邮轮的汽笛声催促着两人踏上征程。杨绛与钱钟书离开上海赶往英国。按照规定，拿了中英庚款留学的人是不能带家属的，杨绛拿出教育部的留学证明才得以登船，但因为两人并不是以夫妻身份登船只得分居两个船舱。

邮轮航行到英国需要一两个月的时间，其间停停走走，靠岸补给。快到香港时遇上台风，风雨铺天而来，巨浪高高跃起，别人都早早躲避，杨绛与钱钟书未乘坐过邮轮，两人一时兴起决定留在甲板上看台风。风大得很，两个人背靠着背在甲板上任凭风雨袭来，眯着眼睛看风浪一次次跃起落下。天空阴得像是要盖下来，风雨声大得掩盖住两人愉悦的笑声，只能看见对方被大风吹得扭曲的笑脸，最后两人被淋成了落汤鸡，不得不逃回船舱。小情侣疯狂的举动很快就有了后果，风雨中船晃得厉害，两人晕船反应严重，吐得肚子里一点东西都没了，饿得前胸贴后背。靠岸后两人赶忙在香港街头寻找吃的，因为无处兑换钱币，靠着杨绛身揣的一块银圆买了些小吃食填饱肚子。而后停靠新加坡、斯里兰卡等地，两人上岸欣赏风景，这一路虽然漫长但是恰如旅行一般，赏不同风俗人情，遇不同杂事趣事。

这是两人第一次长时间地生活在一起，那些曾经爱恋时被烈火与光芒掩盖的事情渐渐显露。杨绛发现钱钟书这个才情斐然的大才子也是笨手笨脚的，他不会系鞋带的蝴蝶扣，吃饭也需要人照料。杨绛虽说也是个小姐，但好歹略通俗事，她为此有点悻悻然，因为这样钱钟书需要她照顾也离不开她。

读书牛津

1935年9月他们抵达英国，钱家的几个堂兄弟早已来英国留学，去接了船。钱钟书对于这样的相聚记忆犹新，还作诗一首来纪念这次难得的团聚。

杨绛与钱钟书下了船没急着赶往牛津大学，而是留在伦敦小住观光。毕竟两人此次出行既是留学也是度蜜月。杨绛是学外国文学的，在中国时已经读了很多作家笔下的伦敦，如今能亲眼看见，感慨良多。两人印象最深的是英国的大英博物馆，六百多万册的藏书，让杨绛与钱钟书无限神往。

牛津大学每年三个学期，每学期八周，然后放假六周。第三个学期之后是暑假，长达三个月。第一学期于10月中旬开学，12月中旬结束。

钱钟书到牛津时所有事情已经被安排好。杨绛本来打算攻读文学系，但是无奈文学系的名额已满，只能转修历史系。她不愿意，于是决定不入学院，而在牛津大学旁听几门课，自修西方文学。

两人既是夫妻就没有必要入住学生宿舍，于是在校外租得一个较大的房间做卧室兼起居室。房主提供三餐和下午茶，房间卫生也替他们打扫。

刚到牛津大学时，钱钟书不知是否因为太过激动而闹了一出“洋相”——他很不小心地对牛津的地来了个狠狠的亲吻，亲掉了大半个门牙。他是一人坐公交出行的，车到学校时还没停稳车门就开了，钱钟书脸朝地摔了个大跟头，他用手绢捂着嘴回来，手绢上全是血还有半颗断掉的门牙，幸得共同租住的人里有医生，建议他去看牙医，拔掉断牙，镶上新牙。

在牛津大学，学校都会给自费生发一件黑布背心，背上有两条黑布飘带。男生还另有一只硬的方顶帽子，但谁都不戴。牛津小城街上到处都可以看见穿着黑布背心的学生，这样的街景曾一度让杨绛心里难受，感觉自己犹如失学儿童一般。杨绛不忍心向年迈的父亲开口要钱支付牛津昂贵的学费和导师费，宁愿做一名旁听生，听几门课，到大学图书馆自习。

钱钟书也在牛津大学领得一件黑色背心，他常穿着这件黑布背心到牛津大学上课，到学院食堂吃饭。牛津大学规定，学生每周必须在所属学院的食堂吃四五次晚饭，好证明这个学生还在学校。因为钱钟书有家眷，为了照顾杨绛，他只需每周在学校吃两顿晚饭。

钱钟书在牛津大学穿的黑布背心被杨绛小心保管着，虽然历经战火，颠沛流离，但一直完好。2003年国家博物馆为筹办百年留学历史文物展，曾派人向杨绛征集文物，杨绛不仅提供了留学时的数十张照片，还提供了这件一直珍藏的黑布背心。

常言道，睹物思人，旧物旧人。人与时间一样不可靠，时间会流逝，人会老会死会离开，可所有的物件一旦被赋予深情与思念就变得不再是一个简单的物件，而变成了回忆的端头，时间的切口。旧物们以沉默抵御时间，将故事与灰尘一点点埋进它们的血脉中。

牛津的课程安排紧张，但也留给了学生足够的时间自习。两个人大多数时间都泡在图书馆，像种子跌进了土壤里不知疲倦地吸收营养，奋力地生长。他们阅读的范围不仅限于文学，牛津图书馆里几乎所有类型的书籍都在他们阅读范围内。杨绛在那时夯实了自己外文阅读的能力与文学知识的储备，为她日后的写作和翻译工作提供了坚实的基础。

因为杨绛是旁听生，没有论文，没有考试，而租住的房屋也提供一日三餐，她有着大把的时间用来读书。牛津图书馆的书从不外借，只能在图书馆阅读，图书馆临窗有一行单人书桌，杨绛占了一张桌子，自己从架上取书来读，读不完的书留在桌子上，下次来了接着读。图书馆读书的学生并不多，十分清静，杨绛全身心地投入到书本中。杨绛还给自己安排了课表，按照课表上的书来读。钱钟书与杨绛一样是文学的痴迷人，两人在异国他乡相互为伴，况且两人品味学识相近，阅读趣味自然十分相投。钱钟书知道杨绛死心眼，必然是先读了原著才愿意读取别人的评论或介绍。钱钟书读到好书，知道杨绛会喜欢便推荐给杨绛。

在读书方面，两人像是竞赛一样制订了计划，一年到头，两人统计结果读的书都差不多，但是钱钟书读的都是大部头的书，而杨绛读的书中小册子也算；钱钟书读的中文书不算，可杨绛算。难怪钱钟书写过，季承认自己“无赖”。读书的人自然喜欢买书，钱钟书在牛津读书的时候，财政大权交给杨绛来管，在街上遇见自己心爱的书时，杨绛担心书太多带不回国每次都规劝钱钟书，下一次买。可真正等到下一次时，书早已卖掉，气得钱钟书在日记上发牢骚：“妇言不可听。”

牛津的天气不像是伦敦，晴日多于雨天，两人早晚都出去散步，房间有人打扫，三餐有人做，并不被家务缠身。异国他乡新鲜事物自然很多，两人的散步被称作“探险”，专门去一些人迹罕至的地方。十里洋场、田园郊外、民宅公府都走了个遍，晚上两人回到租住的屋子，拉上窗帘，点上一盏灯，对坐读书。

那时，杨绛常与家里通信，家书写得十分勤快，家里寄来的家书总是父亲说几句，母亲写几句，姐妹们又添上几句。杨绛与钱钟书常在晚上散步回家时遇到邮差，把大洋彼岸的家书递给他们，周围的英国小孩会围过来问他们要中国的邮票。杨绛的家书中充溢着浓浓的家族亲情，这点让钱钟书十分羡慕。钱钟书的童年过得极为艰辛，长大后家里面的感情也以期望为主少了些暖意。杨绛写给家里的信，钱钟书有时也会添上几笔，两个人成为一家人之后那便是一个大家。

柴米油盐终是深情

所谓爱情，不在于多么光鲜亮丽地示爱，毕竟所爱之人不是全世界，只要让一人知道便好。爱情也不只是漂浮于生活之上，那种爱情如风如云，稍纵即逝，真正的爱情应该还生活以原貌，柴米油盐酱醋茶终是深情。

牛津大学放假多，假期长，学生们一到放假都走了。各国留学生也离开牛津大学，到处走走。只有钱钟书和杨绛，整个学期留守牛津大学，坚持读书。

即便假期如此多，牛津大学很多富家子弟还是在开学期间不遵守校规，夜晚翻墙出去饮酒作乐，因此在牛津大学就读的学生每个人都有两位导师，一位是学业导师，一位是品行导师。钱钟书一心只顾着读书，品行导师很省心，只是经常请杨绛与钱钟书去喝喝下午茶，聊聊天。

钱钟书与杨绛是吃着中国的杂粮果蔬长大的，到了英国，对于夫妻俩来说，奶酪、牛排、浓汤、薯条、炸鱼不合他们的胃口和心。钱钟书在诗中叹道："嗜膻喜蛋颉羹浑，夷味何能辨荤素。"房东虽然会提供一日三餐，可每况愈下。杨绛担心钱钟书吃不饱，自己饭量小，总是剩一半给钱钟书。可钱钟书还是饿得面黄肌瘦，杨绛想这也不是长久之计，一位贤妻的职责应该包含让丈夫吃饱吃好，杨绛想改租一套带炉灶炊具的住房，自己动手，改善生活，让钱钟书吃好。

这个主意是杨绛自己拿的，她自己在报纸上寻找租房信息，自己跑去找房，看了几处地方都太远。一次"探险"到牛津大学公园对街高级住宅区，偶然看见这里有招租启事，再去看时招租的启事又不见了。杨绛不甘心，决定亲自去问问，碰碰运气。房主达蕾女士带她看了房子，一间卧室，一间起居室，两间屋子前面有一个大阳台，从窗户望出去是大片的草坪和花园，厨房不尽如人意，只有一个电灶，很小但已经足够两人使用了。

杨绛问明白租赁条件，第二天就带钱钟书来看房。房子离学校近，环境幽雅，更重要的是有厨房可用。虽然租金比原来贵了些，但是还在预算之内，两个人都喜欢，当即订下租约，预备新年前搬入。

到了新家，就得一切自己来了，可钱氏夫妻俩丝毫不觉得烦琐反而兴奋不已。这也算是两个人真正开始过属于自己的小日子。钱钟书和杨绛在食品杂货店订好每日的鲜奶和面包，还订了茶叶、鸡蛋、黄油、果酱、蔬菜等，到时候店里的人自会送过来。原材料都准备齐了，两个人就开始试验他们的灶具。

搬完家的第二天早晨，杨绛因为收拾房子晚睡迟起，结果醒来的时候，钱钟书端着高脚托盘到杨绛的床前，托盘里有烤了的面包、热牛奶，还有一颗温泉蛋，配料有黄油、果酱、蜂蜜。早餐如此丰盛，让杨绛诧异中满是惊喜，她没想到往日“笨手笨脚”的钱钟书能做出这么丰盛的早餐。钱钟书得到杨绛的夸奖很高兴。夫妻之间的这种小感动，就像是在感情的缝隙中填入的黏合剂，让一段平常的婚姻丰盈起来。

自从有了厨房，夫妻俩对做饭充满了兴趣，像是做实验一般试做了红烧肉、炖菜、烧鱼，从失败到成功。厨房的战场还是杨绛的，钱钟书只是助手，战场上油烟四溢，菜品来回翻覆，所幸战利品还算丰厚。两人自理伙食，虽然费心费力，但也自得其乐，更重要的是钱钟书终于能吃饱、吃好了。

钱钟书爱吃红烧肉，于是在这战场之上第一个敌人就是红烧肉。两个人都摸不到门路，向其他中国留学生请教，大家都是书香子弟，很少有下过厨房的，于是献计献策，一起研究。

首次战斗，两个人守着一口锅，看着翻腾的汤汁拨弄着肉，汤煮干了就添水，反复几次，直到两个人都觉得肉熟了就捞出来。因为过度煮，加的水还是冷水，冷热相激，煮出来的肉咸而且嚼不烂。真正做起红烧肉来才发现，没有黄酒也没有做红烧肉的酱油真的是太难了，但是杨绛自幼聪慧，找来雪莉酒代替黄酒，酱油也从中国商店买了来，第二次出战即凯旋，一盘红烧肉让钱钟书思乡的肠胃彻底熨帖了，而杨绛也有了主妇的自豪感。

不过杨绛这位厨房的大将军也有惧怕的对手：活虾。杨绛自幼生长在水乡，自然不惧这样的活物，可操作起来却跟想象的不一样，一剪刀下去，虾猛烈地抽搐一下，吓得杨绛赶紧松手，剪刀也扔掉，逃了出去。钱钟书瞧见了，问杨绛怎么了，杨绛说，虾痛得在抽搐。钱钟书说，以后虾还是我来剪吧，你负责做就好。

因为伙食改善了，钱钟书有了更多力气来制造顽皮的浪漫。他会给杨绛讲小故事，那些故事都是他小时候从乡野老人那里听说来的，有些也是从不入流的书上看来的。故事有些模糊不清了，他就自己编下去，他讲故事有个习惯，讲完了一定会说一声“啊”，这声“啊”相当于“你听见了吗？”杨绛得回复一句“嗯”。有时杨绛听着听着会睡着，可一旦听到钱钟书这句“啊”必然会醒来“嗯”一声。

当然两人之间除了这些温馨的故事之外，还有一些惊险事件。比如有一次钱钟书出门上课去了，杨绛也出门了，可刚到门口，虚掩着的门就被风吹得关上了，杨绛与钱钟书都没带钥匙，杨绛本想通过窗户爬进屋里，朝园丁借了长梯到了阳台，可是到了阳台才发现，门窗都锁上了，唯独留了门框上一扇小的透气窗，杨绛通过小窗户爬了进去，等到钱钟书回到家，杨绛跟什么事也没发生一样。可是这翻窗一事，要是身手稍微笨一些就会脑袋着地摔个七荤八素的。还有一次，房东的煤气管道老化，有点泄露，幸亏杨绛从沙发上挣扎着起来开了窗户才避免出事。

生活的有意思，大致是因为有着痛苦与辛酸作为铺垫，让快乐可以跳跃得更高一些。而快乐的落地又会催生出一些麻烦，解决了这些麻烦，所有的心烦意乱又能让快乐再一次跳跃。

不过这世界上幸福的事情很简单，一杯水，一块面包足矣，如果能多要一些，那希望这杯水是你倒的，这块面包是你给的，所有的迂回曲折，所有的舍近求远，所有的奢求渴望，都重重地落在那个你身上。

杨绛在牛津的第一年，是她最用功读书的一年，除了想家想得苦，也是她生平最快乐轻松的一年。

蜜月宝宝降生

钱钟书期末考试完毕，两人对于异国他乡已经适应许多，决定出游度假，到伦敦和巴黎去看看。行李暂时寄存在房东家。

这是他们自到牛津上学后第一次远游。他们从伦敦阔气的东头到贫民麋集的西头，由圣詹姆斯公园到海德公园、动物园、植物园，从特拉法广场到旧书店。除了每日的探险之外，他们还见了伦敦的中国留学生。他乡故友，自然免不了饭局，酒喝一些，话聊一些，他乡的乡音温暖了整个旅途。

到巴黎的时候，他们还没来得及去游玩，就被当局政府拍电报来指派去参加第一届世界青年大会，而杨绛被邀请作为中国方面的青年代表，同钱钟书一起参加青年大会。

开会与度假相比，自然是度假更重要，两个人能溜掉的会一概逃掉，去巴黎探险。

如果说这场旅行是度蜜月的话，那么他们的孩子就是个蜜月宝宝。杨绛在回牛津的途中开始有孕期反应。两个人对这个消息紧张而兴奋，新爸妈对猜测肚子里的小生命的性别乐此不疲，钱钟书说，我不要儿子，我要女儿，只要一个，像你的。孩子既是两人感情的延续，也是感情的纽带，让这份难得的感情更加持久。

钱钟书与杨绛回到牛津，租房子的另一间住户搬走了，他们得以换了一间更大些的房子，房子里有浴盆，两个人的生活舒适方便了很多。因为肚子里有了宝宝，杨绛生活小心翼翼起来。初为孕妇的她本以为怀孕不会影响生活，可当真正有了孩子才知道宝宝调皮得很，让她根本没办法看书，害喜像一根绳索，把她从书桌上拉回生活，她必须得做一个母亲了。

钱钟书回到了牛津大学后开始了紧张的课业学习，但是因为爱妻怀了孕，他把更多的时间用来照顾杨绛，分担了绝大部分家务，还陪着杨绛去医院做产检，早早在医院预定了产房。东方人都有腼腆的性格，对于产科医生都会有性别要求，可当医生问钱钟书的时候，他答，要最好的。

所谓深情，不是一次次失望之后待你如初，而是从一开始就决定你就是我的，我也是你的，从陌生的两个个体，在心里合二为一，所有的情绪都丧失了对象犹如翻腾的浪花被海岸接纳。

接产大夫是牛津妇产医院女院长推荐的斯班斯医生，根据检查结果，医生给出孩子的预产期是在英国国王乔治六世加冕大典前后，对于关心皇室的斯班斯医生来说，如果孩子能降生在加冕日那一天就是“加冕日”娃娃了。可这个中国娃娃并不关心英国皇室的动态，迟迟不肯露面，超过预产期一周了还没动静。

1937年5月18日清晨，预产的阵痛把杨绛唤醒，她与钱钟书急忙赶到医院。到了医院产前的阵痛还是悠缓的，直到19日阵痛加剧，杨绛去了产房待产，但是即便杨绛竭尽全力也无法使婴儿降生，医生不得不用产钳把婴儿夹了出来。因为长久不能降生，婴儿缺氧全身青紫，护士使劲拍了拍，婴儿才哭了出来。护士们说，这是牛津出生的第二个中国婴儿，可能是因为护士拍她拍得太重了，她感到委屈，虽然死而复生，但是哭得特别响亮。这洪亮的哭声，让护士们称呼她为Miss sing high（高歌小姐），杨绛后来把这译名改为了“星海小姐”，这音译似乎更有诗意。

杨绛生完孩子筋疲力尽，睡了过去。钱钟书坐公交车来看望杨绛，因为公交车不能直达，他步行到了医院。一路上心里充满了忐忑与兴奋，到了医院杨绛还在昏睡中，直到来了三次才见了杨绛，杨绛醒来得知，钱钟书已经走了七个来回了。

护士们把宝宝从婴儿室抱出来给爸爸看。对这个小生命，钱钟书生怕错过一点细节，他要仔细看看这个与他血脉相连的孩子，他反反复复看了好几遍高兴地说：“这是我的女儿，我喜欢的。”这是钱钟书给女儿的“欢迎辞”，杨绛把这“欢迎辞”记住了，她要把这“欢迎辞”说给女儿听。这番用心既是给女儿的也是给杨绛自己的。爱的辛苦与辛苦的爱，一个是得爱之人有心，一个是得爱之人无心，若爱意有心，那赴汤蹈火之行必换来惊天动地之势。

女儿懂事之后，每逢生日，钱钟书总要说，这是“母难之日”。钱钟书没有要第二个孩子，他曾很认真地对杨绛说，我们如果再生一个孩子比阿瑗好，而喜欢那个孩子，我们怎么对得起阿瑗呢?

这一句“怎么对得起”是对女儿的宠爱，也是对杨绛爱的回应。

杨绛因为身体孱弱又遇到难产，只能在医院坐完了“月子”，在月子期间向护士学会了如何给婴儿洗澡、穿衣、换尿布。在杨绛住院的日子里，钱钟书过得极为艰难，无人做饭，无人收拾家。因为自己的笨手笨脚，常不经意闯些小祸，钱钟书去看望杨绛时像个孩子一样愁兮兮地告诉杨绛，他又做坏事了。

他打翻了墨水瓶，把房东的桌布弄脏了；他把台灯弄坏了；门轴也被弄坏了，门关不上了……杨绛跟他说，不要紧，桌布，她会洗干净，门轴与台灯也能修好。钱钟书一听杨绛说不要紧，就放心了，听杨绛说的这句“不要紧”就像吃了定心丸一般。

每个人都像是一只漂亮的气球，活在外人面前时总是奋力把自己吹得圆鼓鼓的，那些气球上的小缺口一直在漏气，却没人注意到，大家只是关注这个气球有多大多漂亮，而无人注意到气球也很累。直到有个人把这个气球的缺点一点点缝补起来，这个气球不再那么大甚至还有些丑陋，可是她不在意，她只是想这只气球不要再那么累了。

杨绛出院回到家中继续坐完最后几天的“月子”。钱钟书在繁复艰巨的论文答辩过程中给杨绛炖了一锅鸡汤，鸡是整鸡去头除尾，汤里还加了鲜绿的豆瓣去腻，汤香四溢，又亲自端汤给杨绛，杨绛珍惜地喝着汤，嘴里满是香味，心里满是甜味，一向不善打理家务的钱钟书竟然亲手炖了一锅鸡汤。

钱钟书顺利通过了论文答辩，取得学位，领到一张牛津大学文学学士文凭。二人在巴黎度假的时候已经注册了巴黎大学，巴黎大学比起牛津大学是比较自由的，学校管理宽松，没有“一对一”的课，上课很随意，多半学生不上课，也不读学位。钱钟书觉得为了取得学位花费那么多时间在没必要学的必修课上不太划算，不如腾出时间来读书收益更大，所以他和杨绛注册了巴黎大学。

巴黎的阳光可以轻易穿透稀薄的云层，这里阳光明媚，雾霭都怯懦地退到了海里。巴黎大学的学费与生活费比牛津大学也低很多，这里对于夫妻二人来说是再适合不过的读书地。

1937年8月，钱钟书与杨绛带着他们的女儿阿瑗离开牛津到达巴黎，先前留学巴黎的同学早已租好公寓等他们来。公寓的女主人是咖淑夫人，她是一位已经退休的邮务员，退休后有着大把的时间，于是买了一幢房子出租，因为烧得一手好菜，所以为房客们提供一日三餐。法国的饮食要比英国丰富得多，法国传统菜单就有十三道菜，涵盖头盘、冷餐、主餐、烧烤、咸点、甜点。钱钟书与杨绛起初也与其他房客共同进餐，伙食非常丰富，价格也便宜，可是菜得一道一道地上，一餐午饭要吃上两个小时。饭菜虽然可口，但对于珍惜时间大过口舌之欲的钱钟书来说太不划算，其次杨绛处于哺乳期，好清淡寡稀，厌荤腥油腻。他们租住的公寓正好有厨房，不久两人就开始自办伙食，钱钟书去买菜，在买菜的过程中正好练习口语。其余时间两人全部用来读书，虽然已在巴黎大学办理入学，但是二人却很少去上课，只是按照自己的课程去读书。

在巴黎读书期间还有很多中国留学生，钱钟书与杨绛结识了很多朋友。女儿也从不能言语的婴儿长大成为一个可爱的小人儿。钱老夫子在得知孙女出生时就已经给孙女起好名字“健汝”，号丽英，因她属牛，取“牛丽于英”的意思。可钱钟书与杨绛觉得“健汝”太过绕口就唤女儿阿瑗，大名钱瑗。女儿乖巧，不怎么哭闹，他们经常推着婴儿车带阿瑗出去晒太阳，久而久之，阿瑗学会的第一个词语就是“外外”，就是到外面去的意思。

杨绛租住的公寓对门是个和善的法国太太，虽然没有孩子却格外喜欢孩子，白天法国太太的丈夫上班去，她一人在家就常来钱家把阿瑗抱过去。阿瑗也不认生，跟这位金发碧眼的法国太太处得很好，不哭闹，乖乖地听她唱法国歌，因为听得多了，阿瑗偶尔也能蹦出几个法语单词。杨绛与钱钟书一同出门的时候，就会拜托这位法国太太照顾阿瑗，付一些报酬。

法国太太想把阿瑗带到乡间去照看，那里空气新鲜，果蔬新鲜，对于小孩成长有益处，杨绛与钱钟书去看望也方便，同时留出大把时间供钱钟书与杨绛学习。法国太太把阿瑗的小床搬到自己的卧室，看看孩子是否适应与她生活，阿瑗倒是很乖，没哭没闹，睡了一夜。倒是杨绛与钱钟书牵挂了一夜，夜不能寐，第二天早早就去法国太太那里抱回了阿瑗，打消了让她带阿瑗去乡间照看的念头。

在巴黎这段时间，杨绛与钱钟书像是海绵一样吸收着知识的养分，他们从15世纪的书一直读到18世纪，对于语言从中文、英文、法文、德文，还有意大利文无一放过，像是两头在知识的丛林里肆意行走的野兽，凶猛而贪婪。

除了读书外他们还一起读诗和背诗，内容不限，语言不限，通通拿来去背，两个人你考我一句，我考你一句，互为老师与学生。钱钟书在语言方面似乎比杨绛更敏感一些，也或许是杨绛把更多精力用在了照顾阿瑷上。刚到法国的时候，两个人曾经一起读福楼拜的《包法利夫人》，起初两人同样举步维艰，生词太多，可一年后杨绛已经不如钱钟书认得多了。

读书这件事是可以传染的，一个屋子里三个人，两个大人，一个孩子，大人们都在读书小孩子自然想学，刚能坐稳的阿瑷只要给上一本书，就会拿着那本书安静地坐着，不哭不闹，杨绛若是给她一支笔，她就用笔在书上写写画画，像是也在写作呢。

因为阿瑷在巴黎的辅食是照着西方人的饮食习惯来的，多了优质蛋白质的摄取，小身体十分结实，用杨绛的话来说，阿瑷很快地从一个小动物长成一个小人儿。

常人总以为书香世家的亲情是寡淡的，因为各自的精神世界都是独立的，可杨绛一家从一开始亲情就极为纯粹。读书的人想得多，可是活得也简单，一碗汤，一本书，可相濡以沫又可心意共鸣。

杨绛传

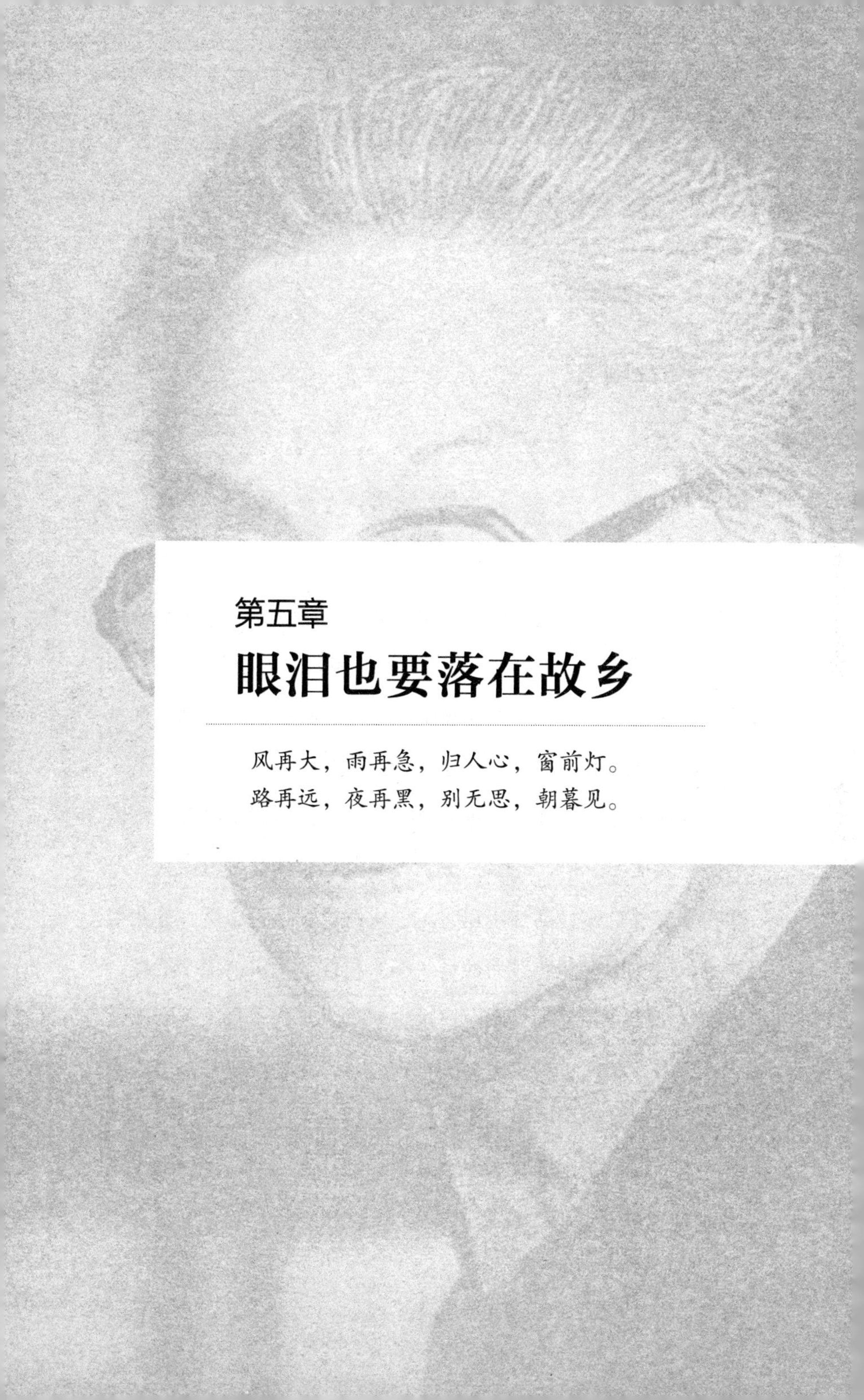

第五章 眼泪也要落在故乡

风再大，雨再急，归人心，窗前灯。
路再远，夜再黑，别无思，朝暮见。

失去母亲

杨绛与钱钟书虽然远在国外，但是国内发生的大事通过报纸、亲友来信以及留学生之间的传闻，都得以知晓，如“一二·九”运动、“西安事变”等。随着日寇的气焰越来越嚣张，国土大量沦陷。杨绛的故乡也沦陷了。

日寇对苏州展开了轮番的空袭轰炸，大量房屋倒塌，平民百姓流离失所。杨家一家人逃到香山避难，当时正值深秋，母亲得了恶性疟疾，高烧不退，无处求医。到达香山后，苏州很快沦陷，香山也即将成为战场。杨家租住的房子前挖了战壕，正在交火线上，邻近人家早已逃去避难。可母亲身患重疾无法走动，身体状况也越来越差，奄奄一息。父亲打发其余家人去逃难，自己准备和母亲同生死，大姐留下了，小妹阿必也留下了，只有两个姑母逃难去了。战火如期地烧到了香山，香山失陷前夕，母亲去世了，幸亏父亲事先用几担大米换得一具棺材。战火纷飞的年代，没有守灵，第二天就匆匆将母亲入殓下葬，当时香山的战败国军正在撤退，棺材就在队伍中穿行。地上到处都是炮弹轰击过后的痕迹，好不容易找人在棺材外面砌了一间小屋护得周全。未立墓碑，那个年代活人都流离失所，何况一个去世了的人。父亲在荒野失声痛哭，在棺木上，在砖头上，瓦片上，周围树木上，地面上，石块上，凡是可以写字的地方都写上了自己的名字，他怕连天炮火之后，再也找不到母亲了。

杨绛是在大姐的来信中知道苏州陷落、母亲去世的消息的，她边读信边掉眼泪，读到母亲去世时放声痛哭，幸得钱钟书在旁百般安慰。钱家在战火中也未能幸免，钱老夫子在浙大教书，随着浙大由杭州迁到浙西，母亲带着弟弟妹妹逃难到上海，幸得叔父收留，勉强度日。

人还在世的时候，所有的记忆都被一根缆绳吊着，因为一切还在继续，一旦这个人去世，那根缆绳就断了。所有的记忆没有了束缚，变成一块巨大的陨石，落在心口，砸得人心痛到裂开。

更何况这个人还是自己的母亲呢，眼泪即便日夜不停地流也不可能减弱这份伤痛。哭泣不是为了纾解痛苦，可能只是为了用眼泪的咸苦让这个残忍的世界也尝尝这苦涩的味道。

母亲的爱是水，父亲的爱是山，水滋润万物，山遮风挡雨，可山总归是太远不如水触手可及。水时而能滋润万物，时而又能澎湃汹涌抵挡外难。杨绛的母亲是个好母亲，更是个好妻子。

对于父亲而言，母亲是他最亲的人，也是他生命中最重要的一部分。父亲秉公执法时触怒当局遭贬，母亲不问不责，收拾行李，携儿带女，南下北上，一路随行；刚到苏州时父亲染上恶疾，母亲床前照顾，在最后关头，恳求医生死马当活马医，救回父亲一条命。在家里夫妻二人相濡以沫，以心贴心，父亲不爱去鞋店试鞋子，母亲就拿着旧鞋子去鞋店让鞋店师傅比对着做，师傅做好鞋子拿到家里让父亲挑；父亲也不爱去理发店理发，母亲就请理发店的师傅到家里给父亲理发，后来父亲老了脱发，母亲就亲自动手，给父亲围上单子，用自备的理发工具给父亲理发。父亲在母亲面前任性得紧，可母亲一说他，他就会听。往日里一旦母亲不在家，父亲饮食起居就显得局促，半点脾气都没有了。母亲不在家时，父亲上旧书摊挑书时在珠宝店看上一对精致的珍珠耳环，想来母亲戴上一定漂亮，可是价格太贵怕自己买了母亲回去说他，走到半道实在觉得母亲一定会喜欢又折回去买上。这副耳环母亲很珍惜，只有重要的场合才拿出来戴，杨绛见母亲戴过，的确漂亮。

杨绛的母亲除了对父亲好之外，对家里的所有人都是尽心尽力。对公婆，四十几年从未少寄一次家用；对儿女一视同仁，每一个都喜欢；对于下人体恤关心，宽厚平和。

可上天大概觉得好人生活得太苦了，不忍心看下去，提早让她离开人世，徒留思念的人流着伤心的眼泪。

归国，常伴老父

第二次世界大战的战火，不仅烧到了中国也烧到了欧洲大陆上，法国虽然还未遭受德国入侵，但是战争的硝烟已经弥漫在整个法国上空。受到经济危机影响，法郎贬值，最低的时候一英镑可以兑换三千法郎。杨绛与钱钟书在英国注册户口的时候很顺利，可是此时到了法国排了两天队也没办成，后来有人教他们在证件材料中塞钞票才得以办成，钱钟书与杨绛几次慨叹法国将亡。

钱钟书的庚款奖学金原可延长一年，可是祖国正在遭受战争的蹂躏，家人们都已经流离失所，他们哪还有闲心读书。血脉相连的痛，即便隔着千山万水也能感受到。钱钟书离开巴黎前给朋友的信中写道：

……我的妻子失去了她的母亲，我也没有任何指望找到合适的工作（指国难期间），但每个人的遭遇，终究是和自己的同胞连接在一起的，我准备与他们同甘共苦。

随着战争的逼近，从法国回到中国的船票越来越难买，一票难求。钱钟书好不容易托朋友买到回国的船票，在回国前夕，钱钟书已经向国内的朋友与单位写信试图谋职，陆续收到约聘，最后钱钟书选择了西南联合大学的外文系教授一职，当时任西南联合大学文学院院长的是冯友兰，冯友兰破格聘用了钱钟书，每月月薪三百元。

杨绛放心不下父亲，准备回到上海跟父亲团聚，而钱钟书要去昆明就职，归国的旅途既是回家也是两人的分别。

三年前两人乘船出国，怀着愉悦的心情，像两个顽皮的孩子在船上看风雨，最后狼狈逃回船舱，而今日已然是三人归国，夫妻二人的心情却是沉重的。国难当头，两人归国的命运也将如同这一路的海航，跌跌宕宕，起起伏伏。杨绛登船时以为跟上次出国时所乘的邮轮一样，船上会有很好的伙食供给，却忘了这已是战时物资匮乏。她只给阿瑗带了一点乳制品和辅食，结果登船之后只得让阿瑗天天吃土豆泥，本来胖乎乎的小人儿瘦了一大圈。

邮轮到香港时钱钟书要先行下船，经海防转入云南。船到香港，钱钟书只身上岸，杨绛抱着阿瑗在甲板上为他送行，阿瑗看着爸爸坐着小渡船慢慢远去，懵懂的孩子还不知这意味着什么，可是杨绛知道，她只能带着浓浓的不舍与钱钟书告别，这一别意味着在抗战的日子里将聚少离多了。

船到上海，钱钟书的弟弟将杨绛和阿瑗接到钱家，钱老夫子避难借住在其弟花大价钱“顶”来的一所临街的三层弄堂房子。抗战时期避难所本就少，这些租界里的房子极其紧俏，一些承租人就将租来的房子又以高价转让给别人，称之为“顶”。

一大家子人住在三层弄堂小屋里很紧张，杨绛抱着阿瑗住进去的时候跟二弟媳妇和她儿子挤在一间屋子里，各睡一张小床。第二天，杨绛就带着阿瑗赶着去见父亲。父亲那时住在三姐家，三姐家是花园洋房，宽敞得很。父亲看见杨绛和第一次见面的外孙女说不出的高兴，悲伤洗礼过的面容终于眉开眼笑，而杨绛看见父亲白发已然蔓延而上，皱纹如沟壑一般横亘在苍老的面容上，心里酸极了。三年不见，父亲已经剃去长须。自从母亲去世加之战乱的摧残，父亲不得不长期服用安眠药，让父亲看起来十分倦怠，眼睛也蒙了一层灰一般。

父亲因为住在三姐家，不好留杨绛与阿瑗同住，又担心女儿回国无住处，便立刻搬出三姐家，租住了一处房子，让杨绛与他同住。因为是临时决定的，匆忙中租的房子很小，租金也很贵。

杨绛虽然也很想带着女儿与父亲同住，但是她毕竟是钱家的媳妇，不可能时时伴父亲左右，杨绛便带着女儿在钱家住几天，在父亲这边住几天，直到1941年钱钟书回到上海，杨绛便常住在钱家了。在钱家的日子，对于杨绛这样的小姐，这样饱读诗书的知识分子颇为不易。已然不是当初嫁到钱家时去厨房将鱼溜入油锅做做样子就行的了，家务都得亲力亲为。房子本来就不大，钱家人又多，挤在一起更显逼仄。夏日时，一大家子喜欢在二楼大房间里乘凉，杨绛的婆婆与妯娌都是那个年代的传统女性，杨绛常与书为伴，自然跟她们话不多，只能搬个缝纫机躲在角落为钱钟书和阿瑗缝制衣服，有时婆婆还会让杨绛帮忙给小叔子缝几条裤子，这样一来，做完家务仅剩不多的时间也没了，连跟钱钟书说说心里话的时间也没有。杨绛看书也是躲着看的，生怕妯娌们看见，以为她瞧不起她们。这种日子跟留学时畅意读书不理凡俗的日子简直天壤之别，可是杨绛从不叫苦叫累，反而很快适应了，做到一个大家庭里的儿媳妇应做的，处理杂事、孝敬公婆、照顾孩子，一点儿没有小姐的架子，全家都夸她贤惠，钱家的婶婶打趣似的说杨绛“盐钵头里头的蛆——咸蛆（贤妻）也”。

后来托杨绛表姐的福，她让出两个大房间给杨绛的父亲住。父亲搬入来德坊之后，杨绛与女儿阿瑗就搬过去与父亲同住。这样杨绛终于有了一隅天地。

来德坊离钱家住的地方不远，杨绛常常要抱着阿瑗到钱家去“做媳妇”，不过此刻已不同于做居家媳妇，不过是带点东西去孝敬公婆，让公婆逗逗阿瑗，向长辈们请个安。不久，杨绛经人介绍开始给一位富商的女儿补习功课，贴补家用。

女儿阿瑗在杨绛出去补课的时候就由外公来照顾，杨绛的父亲自称“奶公”。奶公照顾阿瑗，整个人也变了样，似乎小孩子纯粹的喜怒哀乐更容易打开一个人的心房，奶公戒了药，作息也变得正常起来，整个人也神清气爽了。后来家里请来小阿姨，家务由小阿姨打理，阿瑗也交由小阿姨来照顾。

父亲搬到来德坊之后，杨绛的三姐与七妹也常带着孩子来这里，虽然是战火纷飞的年代，一家人的团聚不比以前人多，却更加热闹，更加亲近了。大家相聚时在父亲面前从不提起母亲的事情，有时偶尔碰到些往事，父亲也笑着说，这些事情母亲要在肯定不高兴，幸亏母亲不在了。父亲是想让子女放心。

母亲去世的时候，杨绛不在国内，没能见到母亲最后一面，这是她一生的痛，还有一点是，父亲因为母亲去世而痛苦万分时她没能常伴父亲左右。这次归国后，杨绛暗自下决心一定要照顾好父亲，她们姐妹陪父亲上街买鞋子，在家里给父亲理发，像是母亲在世那般。杨绛买了很多茶食，瓶瓶罐罐放置在父亲的柜子里，隔一段时间就去检查那些罐子，发现哪个罐子少了就知道父亲爱吃哪一样，下次买的时候就多买一些。

接任振华校长

杨绛在国难当头时，坚守心中秉性，在谋职过程中，凡与日本侵略势力沾边的工作，待遇再好，也不考虑。

因为日本侵华，振华女校不得不从苏州迁至上海租界，校舍与当时的赫德路小学共用，振华女校上半天课，赫德路小学上半天课。当时振华女校的校长王季玉，四处谋划，才将振华女校迁至上海租界，但因为非常时期，自己不方便出面做校长，得知杨绛回国，季玉先生喜出望外，当即登门拜访，邀请杨绛来做振华女校的校长。

杨绛自始至终记得父亲的话，做什么也别做官。杨绛对于季玉先生的请求实在不能答应，可一是振华不是别的学校，是自己的母校，感情笃深；其二季玉先生言语诚恳，经过协商，杨绛只答应做半年的校长，待他们找到合适人员马上卸任。杨绛这样被赶鸭子上架一般地当上了振华女校的校长。

杨绛从来都是一心只顾着读书的人，没干过任何管理工作，当上校长心里没底，季玉先生便手把手教杨绛，从教职员的预算到如何管理教师。季玉先生在教会杨绛以后就将振华的美金存折和印章交到杨绛手里。她对杨绛说，以后振华女校就交给你全权管理了，我在这儿你什么都不会，只有我走了你才能学得更快。

1939年秋，振华女校正式开学，像一朵飘摇却坚定的梅花绽放在硝烟之中。当时来上海租界避难的振华旧生都来复学，此外还在当地招收了一部分学生。教职员一部分是苏州老校的，另外新聘任了一些教师。杨绛聪明能干，善于学习，振华原本就有很好的行政管理系统，所以新学校开了半年，教学秩序有条不紊，学校也取得了很好的声誉。

杨绛是个执拗的人，一旦决定干一件事就一定要全力以赴，把事情做得尽善尽美。杨绛担任振华女校校长的时候，还兼职高中三年级的英文课，同时她还在继续给富商家女儿补课。

钱钟书在云南教书而杨绛又忙得不可开交，这半年两人对于女儿阿瑗疏于照顾，基本上由杨绛的父亲和大姐照顾，而父亲与大姐又缺乏照顾孩子的经验，让阿瑗吃了不少苦。阿瑗得了疹子与痢疾时，杨绛也只是偶尔偷闲回去看望。

当时女儿两岁半，总是跟着杨绛表姐家的女儿阿寿一起玩。阿寿比阿瑗大两岁，当时已开始学习识字，每天两个小孩在小桌子上，面对面坐着，阿寿读书，阿瑗在旁边安静地听着。阿寿念的是《看图识字》，等阿寿念完《看图识字》上下册后，年仅两岁半的阿瑗也把书上的字全部认识了。杨绛看阿瑗很喜欢《看图识字》，就给阿瑗也买了一本，阿瑗拿到书就能把上面的字从头到尾都认一遍，可奇怪的是阿瑗的书是倒着拿的，原来当时阿寿读书时阿瑗坐在对面，认得的字自然是倒着的。

阿瑗自小爱读书，善读书，应是得到了父母优良基因的遗传，再加上所处的环境是书香世家，与书本的缘分是出生那刻就注定了的。钱钟书看书有过目不忘之能，而阿瑗也得到真传。

血缘里的亲情是割不断的，血缘里的亲昵也是难以比拟的。阿瑗自小就特爱杨绛，老是黏着杨绛。杨绛得闲回家时，杨绛走到哪儿阿瑗就跟到哪儿，杨绛坐下来阿瑗就手舞足蹈地等着妈妈陪她玩。可是杨绛坐下来时只能是摊开学生的作业，阿瑗虽然年幼但懂事得很，她知道妈妈要忙了，就乖乖地走开。那段时间杨绛太忙了，每天都带回一摞改不完的课卷，阿瑗看见那些课卷就生气得很，她知道妈妈不能陪她玩了，生气地握紧两个小拳头，眼睛里眼泪一直在打转转，趁着妈妈不在时阿瑗就用自己的小拳头使劲打那一摞课卷，她讨厌死它们了，它们抢走了她的妈妈。杨绛看见阿瑗这样，心里酸涩愧疚。

只有死别，不再生离

抗战时期的日子，对于所有人而言都是艰辛的，或是生离或是死别，感情这种看不见摸不到的事物，在那个年代也被战火轰炸得千疮百孔。背景的音调已然从悲伤的哭泣转为沉默，也唯有沉默才能承受这样的悲痛。钱钟书在昆明，而杨绛在上海，两人之间隔着千山万水，钱钟书对于杨绛与阿瑗思念得紧，写信写得勤，借由执笔将源源不断的思念抒发，将生活的苦闷忘却。钱钟书在西南联大生活条件艰苦，教职员宿舍逼仄简陋，钱钟书形容他的住所时写道："屋小檐深昼不明，板床支凳兀难平。萧然四壁尘埃绣，百遍思君绕室行。"钱钟书书信写得多，可是杨绛却因为事务缠身回得少，杨绛接到钱钟书的信时格外高兴，可钱钟书面对寥寥无几的家书却心里失落，他坦诚自己："万念如虫竞食心，一身如影欲依形。"

杨绛当初答应季玉先生只任职半年，半年时限已满，杨绛提出辞职申请，季玉先生多方挽留，杨绛答应做满一年。一年期满了，杨绛把工作安排妥当，准备交接工作。季玉先生再次赶往上海欲再次挽留杨绛，这次杨绛打定主意了，季玉先生即使搬出校董事会的人也无济于事，杨绛想做的事情是文学创作而不是任官，她写信告知季玉先生她要离开上海，并介绍了原振华同学陈浣华接受分校校长一职。

季玉先生给杨绛回信说，让她暂缓离开上海，说自己突然咯血，右胳膊抬不起来。杨绛当时以为季玉先生是在吓唬她，是为了挽留她而并未在意。

后来季玉先生来问杨绛要回校长印章时，杨绛才知道当时季玉先生是真的病了，心中颇感愧疚。

钱钟书在西南联大是最年轻的教授，凭借过人的才学在西南联大赢得良好的声誉。“钱师讲课，从不满足于讲史实、析名作。凡具体之事，概括带过，而致力于理出思想脉络，所讲文学史，实思想史。”“一次讲课，即是一篇好文章，一次美的感受。”“钱师，中国之大儒，今世之通人也。”虽然名声斐然，但无奈离家千里，思念就像海水一样起起伏伏，而人就像孤舟一样跌跌宕宕。

1939年7月，盛夏的暑气将思念熬得越来越浓稠，暑假刚开始，钱钟书就急不可待地赶回上海与妻儿团聚。钱钟书回来时，因为家里住的都是避难的亲戚，已经没有了他落脚的地方。杨荫杭得知女婿回来，便叫杨绛的七妹、三姐和他挤一挤，腾出房间给钱钟书住，好让他们一家三口团聚。

久别重逢自是欢喜，钱钟书看见女儿阿瑗，就露出了自己老顽童的本性，跟阿瑗一同淘气，玩得欢乐。杨绛那段时间忙于振华女校的事情，家里就由着钱钟书与阿瑗闹，自从钱钟书回来后，每日去钱家给长辈请安的事情就由他一人担当了。

钱老先生一直想留钱钟书在身边，钱钟书难得回来，钱老先生便从湖南来信说自己身体每况愈下，希望儿子能回到自己身边，侍奉左右，同时出任新成立的国立师范大学外文系主任。

钱钟书破格被聘任为西南联合大学副教授本是不易，西南联合大学虽是因战事而组成的大学，可所有底子与外文系的人都是清华大学的，他当初是接受了母校清华大学的聘任，并不愿意辞职追随父亲而去。

钱钟书来找杨绛商量，杨绛知钱钟书心意，可自己亦无能为力。钱钟书自己的事情，只能由他自己做决定。钱钟书前后思虑，最后让杨绛陪他回钱家。杨绛眼看着钱钟书被那句不愿意憋得脸色青紫，却始终吐不出那三个字。她与钱钟书那刻都在用沉默对抗钱家一家人，最后还是败下阵来。中国自古便是家本位，家既是温暖的港湾，也是自由的枷锁。钱钟书若是不答应，恐以后难以在钱家立足。

钱钟书写信给清华大学外文系主任叶公超辞职，但未等到回信便启程去了蓝田，出任国立师范大学外文系教授，后杨绛接到清华大学秘书长的电报，责问钱钟书为何不回复叶公超主任的电报，实际上这份电报并未到上海。杨绛赶忙给钱钟书写信说清事情，钱钟书到蓝田后立即给清华秘书长回信说，实属未收到电报，否则岂有不回之理。

这件丢失电报的事情，成了钱钟书给他人留下为人清高印象的一则缘由。

钱钟书去蓝田任教与钱老夫子有过一年之约。这一年中清华大学秘书长对于再次聘任钱钟书之事十分热心，钱钟书曾写信问父亲，一年之后可还我自由否？

在国立师范大学任教的日子对于钱钟书来说，生活尚好，只是乏味。国立师范大学与清华大学自是不能比，讲授的外国文学还一时难以被接受，教学难得共鸣，乏味异常。

在钱老夫子身边的服侍，也不过是每天早晚去父亲那里请安，端茶倒水，聊聊天。得益于在英国伺候过杨绛坐月子，钱钟书学会了熬鸡汤，他经常给父亲炖些鸡汤补身子，不过钱父并不领情，他给钱钟书说，口体之养，不是养志。

1940年深秋，叶黄果落，太阳渐远，麦穗低头，钱钟书也再次被清华召回任教。1941年，钱钟书向国立师范大学辞职回上海，钱家早已住不下人，杨绛只能在钱家楼下客堂间搭一张床，等着钱钟书回来。

钱钟书两年乡居，面容憔悴，衣着寒素，阿瑗两年没看见爸爸，看着这个陌生人不认识。她看见钱钟书将行李箱放在杨绛的床边抢着说道："这是我的妈妈，那是你的妈妈。"阿瑗手指着奶奶，意在赶走钱钟书。钱钟书瘪着嘴笑着问阿瑗，到底是我先认识你妈妈，还是你先认识的。阿瑗理直气壮地说："当然是我先认识的，我一生下来就认识了妈妈，你是长大了才认识的。"

后来钱钟书贴着阿瑗的耳边说了一句话，阿瑗马上跟爸爸和好。当然这句话没人知道说了些什么，杨绛猜测可能是说了，我是你小时候陪你玩的爸爸呀，你忘了吗？阿瑗是不会忘记小时候陪她玩的爸爸的。

钱钟书这次回到上海，准备过完暑假就去西南联合大学继续任教。按照清华惯例，教师的聘书一般都在7月初以前发放完毕，可是奇怪的是一直到1941年的10月钱钟书都没收到清华大学的聘书，直至西南联大在昆明开学已三周，清华外文系主任陈福田到上海钱钟书的家里请钱钟书回去任教，钱钟书明白这迟来的邀请的含义，便客客气气推辞了，推让不去了，而陈福田并无一句挽留。

清华外文系主任的故意推延，那份丢失的电报，都让钱钟书感慨世事的无常与命运的叵测。

到清华教书其实一直是钱钟书最称心的事情，清华是自己的母校，环境、人际熟悉，更重要的是只有清华那份土壤才能盛下钱钟书的才学与抱负。战时清华大学、北京大学、南开大学联合成立西南联合大学迁至昆明，钱钟书去昆明任教一人独去，要与妻女分离，很是不舍，可心又在清华大学。此番命运的捉弄，正好成全了他，免去纠结，三个人可以同甘共苦，一起度过抗战胜利最后来临前的艰难岁月。

钱钟书推却清华的复聘后，对杨绛郑重发愿说：“从今以后，咱们只有死别，不再生离。”

风再大，雨再急，归人心，窗前灯。

路再远，夜再黑，别无思，朝暮见。

杨绛传

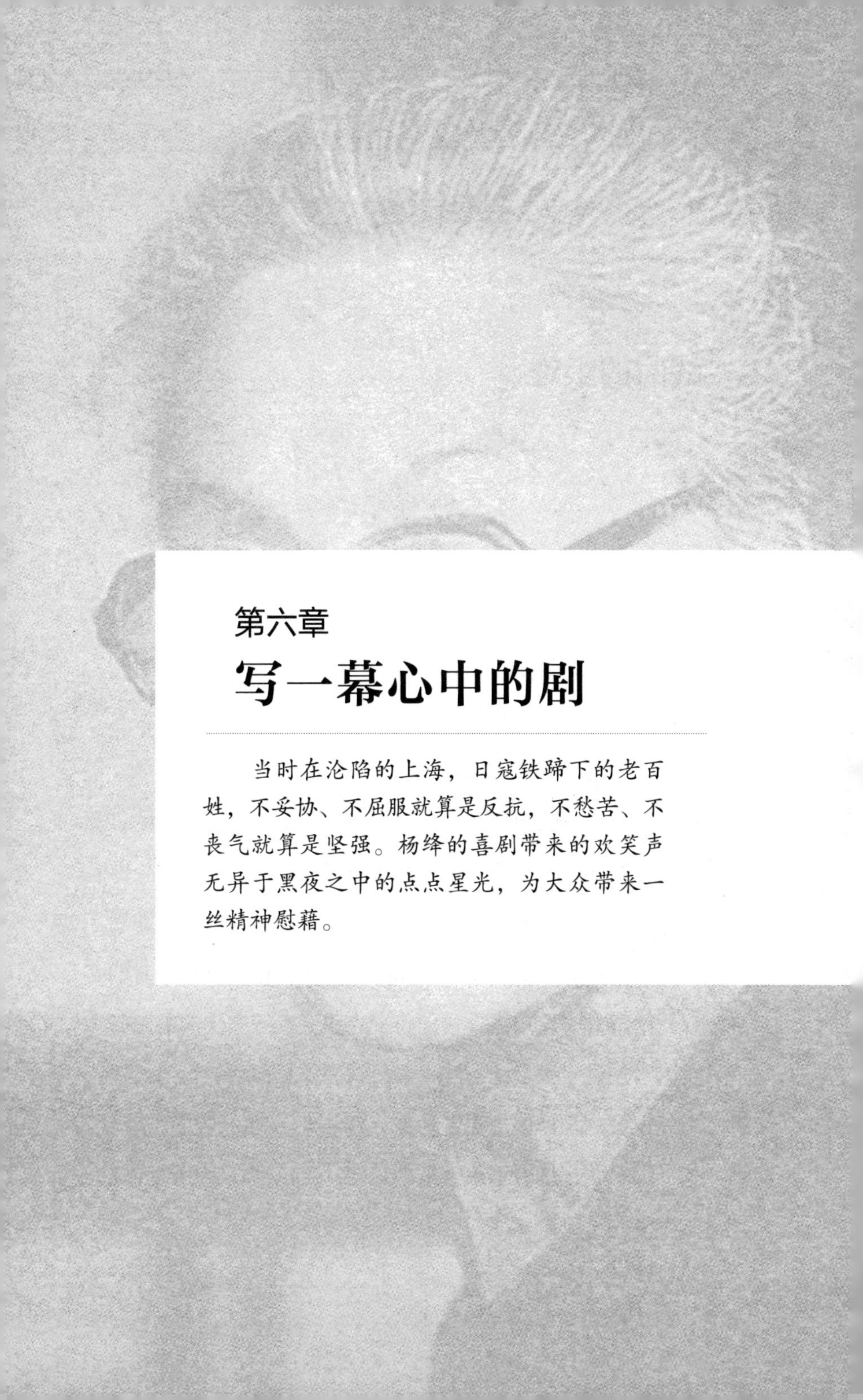

第六章

写一幕心中的剧

当时在沦陷的上海，日寇铁蹄下的老百姓，不妥协、不屈服就算是反抗，不愁苦、不丧气就算是坚强。杨绛的喜剧带来的欢笑声无异于黑夜之中的点点星光，为大众带来一丝精神慰藉。

战时的艰难

对于作家而言，他们永远拥有两个世界，一个是现实中柴米油盐与平常生活构成的世界，另一个是由他们自己构造的世界。他们生活在现实的世界中，灵魂却往往游弋在另一个世界，那个构造的世界允许他们从困苦的生活中逃出去肆意地生活。

钱钟书辞掉国立师范大学任教的职务后，一家三口的日子在这个抗战年代越发艰辛了。杨荫杭因杨绛带着孙女回上海后便常伴左右，心情与身体都日渐康复，戒除了安眠药，在震旦女子文理学院教一门《诗经》消遣，此时便把每周两小时的钟点课让给钱钟书。震旦女校的负责人是个爱好文学的英国修女，早就听说过钱钟书，对钱钟书很欢迎，见面之后当即给钱钟书增加了钟点。即便增加了钟点，薪水也不足以维持生活，所以钱钟书又收了一名家庭富裕的拜门学生以贴补家用。随着战况越发紧张，物价水涨船高，学生的束脩也随着涨。拜门弟子还不断请老师代为买书，自己并不读，专供老师借阅。钱钟书蛰居上海期间，虽然饮食起居简单粗糙，但是买书读书却依旧恣意享受。他习惯在买来的书上盖上“借痴斋”的印章。意为此书是“借”来的。

当时那位学生还给钱钟书家送过西瓜，战事紧张的时候物资匮乏，一大筐的西瓜可以说是稀罕物。当时有人打电话来送西瓜，杨绛一直以为不是送给钱钟书的，直到后来学生打电话来告知，才确定是送给钱钟书的。阿瑗第一次见到这些大西瓜惊异极了，后来知道这些西瓜是送给钱钟书的，转而小脑袋就仰起来，她因为父亲而得到了荣耀。她觉得爸爸有本事。这些西瓜让阿瑗骄傲了好几天，而钱钟书与杨绛被阿瑗逗得哈哈大笑，这份苦中作乐的心态，陪着他们熬过那段艰难的岁月。

钱钟书的二弟与三弟携妻带子先后离开上海后，钱家逼仄拥挤的状态终于得到缓解，钱钟书一家三口搬进亭子间，一住就是八年。亭子间不大，只能放下一个柜子，一张小书桌，一张大床而已。屋檐虽小，得以安家，居于一隅，两人终于在这乱世中讨得一片清静读书地。钱钟书的《谈艺录》与杨绛的剧本都是在这间小屋完成的。

虽然钱钟书与杨绛都身兼多职，但家里仍旧清贫，这与当时的环境不无关系。上海已然沦陷，日本人配给给市民的只是碎米，中间掺杂许多沙子；面粉是黑的，杂质和麸皮各半。贫与病总是相连的，那时候钱钟书常生病，每年必病一场，高烧不退，一病往往一个多月。那时候先去请了上海著名的中医来看，还请了西医来看，服了药都不见效，杨绛无奈，后来干脆自己做医生，到药店买药，细看药方，对照病情，谁想倒也见效。

日本人占领上海那段时间，杨绛的日子过得艰苦而惊心动魄。先是三姑母去世，后是在去学校教课途中与日本兵对峙，幸得上天庇佑没出大事。自从日本人接管学校后，杨绛也辞去了教师一职。钱钟书体弱多病，困处上海，贫病交加，日子过得很艰难。敌伪妄图借助钱钟书的才华来撑场面，钱钟书门前多了不少说客，巧舌如簧，欲拖他下水。然而钱钟书铁骨铮铮，任凭说客开出多好的条件也不为所动，说客只有拂袖而去，连呼钱钟书太冥顽，太冥顽。

初涉剧坛，称心如意

抗战时期，沦陷的上海不仅物质紧缺，精神管控也严苛，许多困在上海的知识分子都感觉压抑与郁闷，相互走动的朋友也少，只有一些经常来往的朋友能够交换一点信息，相互鼓励。那时陈麟瑞与钱钟书走得很近，陈麟瑞也是清华大学毕业的校友，他极欣赏钱钟书的才华，他本人曾在美、英、法留过学，回国后先后担任上海暨南、复旦、光华等大学外文系教授兼主任。抗战时期，他创作了四幕喜剧《职业妇女》，改编过美国著名悲剧《晚宴》、英国著名喜剧《雁来红》。自从陈麟瑞去过钱钟书家，得知杨绛喜好戏剧，便总请杨绛去看他的戏，跟她谈戏剧。他熟谙戏剧结构的技巧，家里有满满一书架关于戏剧的书。

1942年冬天，陈麟瑞请钱钟书和杨绛上馆子吃烤羊肉，当时在座的还有李健吾。大家围坐在松枝燃烧的火盆周围，不时用二尺长的筷子从火盆里夹出烤熟的羊肉吃，松枝燃烧的香味混杂着烤肉的香味。天色已晚，火光映照着人影绰绰，每个人的脸都因为炉火的温度而变得绯红。看着盛满松香的火盆，这群人似乎也穿过了千里河山成了马背上的蒙古人，畅谈理想，细品肉香。他们谈戏剧谈得火热，陈麟瑞与李健吾都是写戏剧的，兴头上怂恿杨绛何不也来写一出戏。

杨绛被说得心动。在半日制小学教课余暇，她转动念头，构思出了故事，很快就写好了个剧本拿给陈麟瑞看。陈麟瑞看了杨绛的初稿后说，你这个剧本做独幕剧太长，做多幕剧又不够，得改。换作他人，第一战就遇挫很可能就放弃了，可杨绛既然选择了文学就会坚定地走下去。她拿回初稿，文思延展，很快就写好了一部四幕剧。杨绛写完稿子一时想不出该如何给这部剧起名，夜里在亭子间转了又转，想出“称心如意”四个字，题合文意，题点文纲。

称心如意，恰如她迈入文学领域第一步的心境。

故事大概情节是，一个女孩因为父母去世来投奔舅舅们，却因为各种阴差阳错的原因被四个舅舅推来推去，最后寄养在舅公家，舅公很喜欢这个女孩。舅舅们都希望得到舅公的遗产，没想到舅公去世时将遗产继承权给了这个女孩，而女孩不仅得到了遗产，也得到了一份圆满的婚姻。

故事悬念丛生，情节环环相扣，人物性格饱满，语言幽默富有特色。陈麟瑞看完后说，这回没问题了。杨绛的本子交了没多久后，李健吾给杨绛打电话说，你真是好运气，你的剧本被黄佐临（当时一位著名的喜剧导演）看中了，马上排演，就要出广告了，你打算用什么名字？杨绛不敢用真名，怕出丑，想起姐妹们嘴懒，总把“季康”二字省略成“绛”，于是回答：“就叫杨绛吧。”杨季康一夜之间成了杨绛，当时谁也没想到这个名字伴随了她一生。

演出大获成功，报刊各有评论，戏剧家们纷纷评论：此剧刻画世故人情入微，非女性写不出来。杨绛不是那种飞扬躁厉的作家，她有缄默的智慧。唯其有清静的优美的女性的敏感，临到刻画社会人物，她才能把线条勾描得十二分匀称。一切在情在理，一切平易自然，而韵味尽在个中矣。

……

《称心如意》1942年在上海滩上演后，如同换季的暖风一般，瞬间席卷了整个上海。先是在国立戏剧专科学校高职科第五届首作毕业公演，后又由上海联艺剧团在上海金都大戏院上演两周，以后其他剧团也上演过。因为剧名喜庆，为图个吉利，有些剧团就在新年演出此剧，海报上把杨绛的名字印得醒目，广告频频亮相。连振华的老校长季玉先生都闻讯来观看此剧，季玉先生看完觉得很不错，问杨绛是否是得益于她公公的帮助，杨绛摇头否定。而后还有朋友专门打电话给钱钟书贺喜，以为是钱钟书写的剧本。其实钱钟书一直对于剧本不感兴趣，杨绛拿给他的剧本，他只是大概扫了一眼，敷衍地说，很好，很好。结果他不屑一顾的剧本却让他落了个名声。

《称心如意》获得成功之后，杨绛又写了《弄真成假》《游戏人间》和《风絮》。

其中《弄真成假》，剧作家李健吾评价极高。他说：

> 假如中国有喜剧，真正的风俗喜剧，从现代中国生活提炼出来的道地喜剧，我不想夸张地说，但是我坚持地说，在现代中国文学里面，《弄真成假》将是第二道里程碑。有人一定嫌我言过其实，我们不妨过些年回头来看，是否我的偏见具有正确的预感。第一道里程碑属诸丁西林，人所共知，第二道我将欢欢喜喜地指出，乃是杨绛女士。

《弄真成假》不仅获得了诸位同行的赞誉，更受到了观众的喜爱。《弄真成假》由上海同茂剧团搬上舞台，获得更大反响。演员们以演出杨绛的喜剧为荣，联名给杨绛写信表示感谢。朋友们也纷纷称赞。杨荫杭与杨绛姐妹一同去看了《弄真成假》，剧场中不时有观众的哄笑声，好不热闹。杨荫杭诧异地问杨绛：“这些全部都是你编的吗？”杨绛点头，答：“全是。”杨荫杭笑说：“憨哉！”

杨绛出名之后，成了各大剧团的贵宾，戏剧界的朋友也很欢迎她，如果有新剧上演总是把最好的位置留给杨绛。钱钟书作为陪同也看了不少戏，一次两人同去看历史古装戏《钗头凤》，作者一看见杨绛便热情招呼，把钱钟书尴尬地冷落在一旁。钱钟书从前走到哪儿都是受人欣赏的，哪里受到过这待遇，心里窝囊憋屈，看完剧回到家里便对杨绛说：“以后看戏就你一个人去吧，我不陪你去了。”杨绛知道钱钟书的脾性，也不勉强他，她因为受到同行的欢迎，少不了要看戏，因此后来每次都是自己先把饭烧好，再一个人去看戏。

杨绛所写剧本都获得了成功，但是她自己却谦虚得很。她认为好的戏剧，不单单是靠一个好剧本就能完成的，还需要依靠演员与舞台。杨绛的剧本虽然叫座，但是因为内容规避了政治，在当时的国情下缺乏战斗意义，只是作为剧坛这个重要阵地的缓冲。不过当时在沦陷的上海，日寇铁蹄下的老百姓，不妥协、不屈服就算是反抗，不愁苦、不丧气就算是坚强。那么杨绛的喜剧带来的欢笑声无异于黑夜之中的点点星光，为大众带来一丝精神慰藉。

与父亲别离

杨绛当时写剧本，也是为稻粱谋——补贴家用的。1943年秋，碍于日本人管制的恐怖而辞去小学教职后，她已没有固定收入，钱钟书也没有固定收入，且经常生病，日子过得越发艰苦。杨绛以为若是剧本获得上演，多少可以改善一点生活。可没想到在当时的环境下，《称心如意》上演之后，所得报酬只够她请朋友们吃一次蹩脚馆子。杨绛的第二部戏《弄真成假》上演后，钱钟书看后对杨绛说，他也想写一部长篇小说！杨绛大为赞同表示支持。钱钟书那时空余时间只够写点短篇小说，根本没有时间去写长篇。杨绛让钱钟书减少授课钟点，虽然日子会过得更加艰苦，当时家里的女佣因为乡下生活好转要回家，杨绛便不再另觅女佣，自己兼任灶下婢。

抗战后期，生活越来越苦，日军在战场失利，更加疯狂地搜刮沦陷地，物资更加匮乏。钱钟书一家的日子过得越发艰苦了。杨绛不仅承担了烧饭、洗衣的事情，家里劈柴、和煤的事情也落在了她肩上。那段时间阿瑗休学在家，功课由杨绛来教授。此外，杨绛因为自己的剧本获得了认可，正在抓紧创作第四部剧作《风絮》。杨绛的劳累辛苦，一言难尽。然而再苦再累，杨绛也心甘情愿，一切都是为了让钱钟书有更多的时间。钱钟书已经将自己要写的长篇小说的题目和主要内容告诉杨绛，每天写完一章就让杨绛先读为快。她很欣赏钱钟书的想象力与用笔的幽默，因为熟悉钱钟书，所以书中的人物与情节往往能在现实中找到痕迹，每读到有似曾相识的地方杨绛大乐，读完一章又急切地盼着下一章。钱钟书写的这部长篇小说就是众所周知的《围城》。说《围城》所取得的成就里有一半是杨绛的，那也不为过，她用一双执笔的手帮助钱钟书扫去了世俗的烦扰，让他能完全沉浸在文学创作中。

初春，乍暖还寒，1945年的春天对于杨绛来说，寒意似乎更加猛烈些。父亲在上海时，时时刻刻挂念着母亲的棺木还未安葬，他买得灵岩山秀谷一处公墓的墓地，打算亲自去香山寻回母亲的棺材。那段时间，日寇嚣张，民不聊生，乡间盗匪出没，很不安全。父亲便穿着破衣，摘掉眼镜，装作难民在香山寻找，一边找寻还得一边提防盗匪，可他不怕，妻尸骨不安是他心里最痛的地方。终于，他在香山上寻得棺木，重新上漆后安葬了妻，这才了却一桩心事。父亲在看完杨绛的《弄真成假》后不久，就搬回苏州老家。时间间隔不到两年，杨绛就接到了弟弟的电话，说是父亲生病，让她赶快回苏州。战乱时期，那短短的一截路走得极为困难。日军控制了铁路，火车票很难买到，只得改坐汽车，从上海到苏州的路因为日军轰炸的缘故，桥断的断，路毁的毁，汽车走走停停。车到沧州的时候，因为桥断了，过不了河，乘客们只能徒步。沧州虽说离苏州不远，但是混乱年代，匪盗猖獗，运气不好可能就性命难保。司机当即决定马上返回上海，杨绛与弟弟一同又坐车返回。司机心里惶恐，生怕被拦截，一路逃也似的回到了上海。杨绛兜兜转转还是回到了上海。到家后，一家子人都在客堂里，好像在等她回来，杨绛心里一怔，有不好的预感。钱钟书悄悄拉着杨绛走到灯火稍暗处，伤心地说："刚才苏州来电话，爸爸已经过去了。"杨绛如被雷击，颤抖不已，缓了一下，眼泪与哭声就如同山洪一般爆发了出来。斯人故去，一夜难以合眼，泪水不能停歇。

父亲去世后，所有的丧事钱钟书都陪伴在杨绛身边，那些悲伤入骨的事情也因为多了一个人的分担而变得容易了些。钱钟书对于岳父的去世心里同如刀割，他与岳父本就有诗文上的同好，共同话题也多，岳父在世时，他常和岳父说些文学典故里的笑话，相与笑乐。岳父去世后，留下的旧衣旧鞋钱钟书都能穿，便都留下当宝贝，称"爸爸衣""爸爸鞋"。故人旧物，且当是一种贴身的怀念。

困守黎明

1945年日军濒临战败，对上海的控制更加严格。桥头街口岗哨林立，钱钟书与杨绛住处临街，夜深人静时常会听到鸣笛的军车呼啸而过，军靴沉重的脚步声也常常透过窗户。那段时间，夜里常有日本兵抓人去审问，很多人都没有回来，杨绛与钱钟书每天过得提心吊胆，不知哪天日本兵会来抓自己。

越恐惧的事情往往来得越快，一日上午，钱钟书去学校上课。杨绛在家里做家务，听见有人敲门，一开门发现是日本兵同一个朝鲜人。杨绛知道不妙，一面忙请他们进来坐，一面飞快跑上亭子间把钱钟书的《谈艺录》手稿藏好，在那个时代稍微敏感点的书都会被当作审问的材料，何况钟书的手稿如此珍贵，若是丢失，她与钟书都得心痛，随即端茶将他们送进客堂。日本兵问明本户姓钱，只一家，便用日语打电话，家里人看到日本人的小本上写着杨绛的名字，赶忙让杨绛去躲一躲，杨绛一时也不知去哪里躲，跟家里人说了去五号，就从后门溜走。

五号住的是杨绛大姐的朋友，很高兴杨绛来看她，与杨绛叙了叙家常顺带留杨绛吃午饭。吃完饭，主人又留杨绛帮她绕毛线，杨绛绕完毛线要回去，告诉主人日本人正找她呢。杨绛出去半天总得有个借口交代，就借了主人一篮的鸡蛋假装买鸡蛋去了。杨绛绕到自家大门口敲门，婆婆开门看见她回来了，吓了一跳愣在那里，杨绛赶忙偷偷向她摆手，示意她不要说话，自己大步往里走，还一面大声地说："我给您买鸡蛋回来了。"说着上楼，家里已经被翻得乱七八糟，柜子桌子里的东西都被翻得到处都是。朝鲜人见杨绛回来喝问她："杨绛是谁？"杨绛回答："是我。"朝鲜人又问："那你为什么说姓钱？"杨绛恍然大悟地答道："我嫁在钱家，当然姓钱啊！原来你们是找我啊，怎么不早说。"杨绛把鸡蛋放到床上继续说："我给婆婆买鸡蛋去了，真对不起，耽搁你们了，我这就跟你们走吧！"日本人摆了摆手说："你明天上午十点去日本宪兵司令部。"

听到这个消息，钱家人吓得半死，杨绛却不惊慌，家里已被日本人翻得乱七八糟，她一点点收拾着散落的东西，同时检查着少了什么。日本人拿走了一本通讯录、一叠宣传她所写剧本的简报，还有一封剧团演员联名的感谢信。杨绛暗自庆幸自己早已把钱钟书的《谈艺录》手稿收了起来，得以保全。

第二天，杨绛十点钟准时到了日本宪兵司令部，结果日本人只让她填了一张表格，问了几句话，只说以后可能还会联系她就放行了。后来得知日本人要找的是另一个“杨绛”而不是她。

随着盟军进攻柏林，法西斯联盟节节败退，日本侵略者的日子已经不长了。两军交火，上海的空袭越来越多了，钱钟书为了安全，把母亲送到无锡老家避难。为了避免空袭误炸，上海加强了灯火管制，家家户户挂起了内红外黑的双层窗帘，门窗玻璃上全贴上了交叉纸条，以免空袭时震碎伤人。空袭警报不断，上海许多地方遭到了轰炸，杨绛一家哪里也不去躲避，就留在上海，有空袭警报时，三人就藏在楼梯底下，紧紧地抱在一起，钱钟书说，要死也死在一块儿。

最贤的妻，最才的女

1945年8月15日，日本宣布无条件投降，举国上下一片沸腾，上海是这片沸腾海洋里一滴灼热的水滴，人们从四面八方涌上马路、街头，欢呼，跳跃，歌唱，互相祝贺。杨绛独自在亭子间簌簌落泪，她的双亲都是因为这场战争离她而去，终于熬过了最黑暗的时刻，她想念父亲母亲。钱钟书在一旁安慰杨绛，所有的黑暗都已经过去，父母亲会为我们高兴的，也会为我们祝福的。

抗战时沦落为钟点课教师的钱钟书，随着日本的战败也迎来了人生新的篇章。抗战胜利后两个月，钱钟书出任国立中央图书馆英文总纂，随后因得到暨南大学文学院院长的邀请，又兼任该校外文系教授。钱钟书的名气随着抗战胜利后的阳光越来越亮堂，英国文化委员会也请他去做顾问。

钱钟书兼任这么多职务，家庭生活条件改善许多，再也不用杨绛去做灶下婢了。杨绛1946年开始在震旦女子文理学院担任教授，教授英国小说、散文等课程，共教了三年，直到新中国成立前夕离开上海。在震旦女校教课之余，杨绛也进行文学创作，得益于出国游学及踏入文艺圈的缘故，老友们常常来向杨绛约稿。那时创作的《流浪儿》笔调俏皮，想象力丰富；《风》作比真切，哲理丰富；还写下了《喝茶》《窗帘》《听话的艺术》等。

抗战历程虽说艰难，但是杨绛与钱钟书二人并非没有收获。钱钟书的长篇小说《围城》，于1944年动笔，1946年完成。稿子未全部写完时已经在《文艺复兴》月刊上连载，一般受得起连载的小说，都是要吊足读者胃口的好小说，那时所有的读者都盼着下一期杂志出来，先睹《围城》为快，钱钟书因这部小说，一时声名鹊起，所有人都在打听钱钟书是谁。

《围城》于1947年5月由上海晨光出版公司推出单行本，一年之后再版，又过一年再次再版，由此可见《围城》在当时深得读者喜爱。《围城》的出版为钱钟书迎来了大批粉丝，钱钟书不愿过多接触粉丝，再三声明小说都是虚构，不给任何人以索隐的机会。

钱钟书在《围城》的序里幽默地表达了杨绛对于自己这本书的辛劳与贡献。

这本书整整写了两年。两年里忧世伤生，屡想终止。由于杨绛女士不断地督促，替我挡了许多事，省出时间来，得以锱铢积累地写完。

杨绛成为钱钟书文学事业里重要的支柱，不仅是对于《围城》而言，钱钟书的第一个集子《写在人生边上》亦是如此，这本书由上海开明书店1941年出版。钱钟书说，当时自己远客内地，由杨绛女士在上海收拾、挑选、编定这几篇散文，成为一集。书稿付梓前，钱钟书在赠书页上郑重写下“赠予季康”。

短篇小说集《人·兽·鬼》，也由上海开明书店出版。钱钟书说：“假使这部稿子没有遗失或烧毁，那是因为此书稿曾由杨绛女士在兵火仓皇中录副，分藏两处。”

随着《围城》的畅销，到20世纪80年代初，黄蜀芹找到钱钟书夫妇想要把《围城》改编成电视剧。黄蜀芹与钱钟书夫妇有一定的渊源，她父亲黄佐临曾经就是杨绛的剧本《称心如意》的执导导演。所以当黄蜀芹到钱家来的时候，做了充足的准备，先是让父亲写了介绍信，自己又仔细反复读了好几遍《围城》，体会其中含义，编写了剧本才来。

钱钟书夫妇听说是老朋友的孩子，很热情地接待了黄蜀芹，杨绛与黄蜀芹讲述了《围城》的创作背景，黄蜀芹把带来的剧本交给杨绛，杨绛仔细改了很多处，最后拍摄中黄蜀芹也一一采纳了杨绛的建议。

对于如何提纲挈领地描述《围城》，黄蜀芹请教杨绛，杨绛写下几句话："围在城里的人都想逃出去，城外的人想冲进去。对婚姻也罢，职业也罢，人生的愿望大都如此。"

杨绛写下的这句话成为很多人描述婚姻的比喻，婚姻是围城。或许时代更迭，信息化洪流中的人们，更多关注的是自己，从而更让婚姻成为围城甚至成为坟墓。反观杨绛与钱钟书的婚姻，在抗战八年里，最艰苦的时期，两人即便相隔千里，仍旧不舍不弃，成为彼此最坚实的依靠。她的荣耀里有他，而他的荣耀里也有她。

两个人的爱如果一定要用一个恰当的词去形容，不是坚守，不是奉献，不是娇惯，应该是相融。

1948年3月，钱钟书参加了当时教育部组织的文化代表团访问台湾，同行的有中央图书馆馆长、上海博物馆馆长等二十余人。许多人都是首次赴台，所以格外新奇与兴奋。代表团参观了数百件国家珍藏的古器、名贵字画等，随后在台湾大学举行了专题演讲。钱钟书讲的是《中国诗与中国画》。

从台湾回来后不久，一日，钱钟书与友人王辛笛闲聊，王辛笛问他uxorious（怕老婆的）是什么意思，钱钟书回答不知道。回到家后他笑嘻嘻地跟杨绛说："王辛笛说我有誉妻癖。"

杨绛见钱钟书笑得开心，自己心里也甜滋滋的，她问钱钟书："你誉我什么？"

钱钟书随口说出三件事："一是你写的剧《称心如意》，剧本是第一次操刀，却获得了无数声誉，你一夜成名可是还是跟以前一样，丝毫没有受到影响，照旧烧饭、洗衣、料理家务。那时我还在生病，没去看戏，你没生我气，还照顾我吃药。第二件事是日本人那次来家里要抓你去讯问，你不慌不忙，随机应变假装倒茶的工夫把我的《谈艺录》稿子藏好，免于遗失。日本人传你让你第二天上午去宪兵司令部，我都担心得睡不着，你却很镇静，那晚还睡得挺香。第三件事是家里的用人把煤油炉灌得太满，煤油溢得到处都是，一点火，油全着了，火势迅猛，火舌四蹿，周边都是干柴，一旦点燃后果不堪设想。用人早已吓呆，你过来一看火势凶猛，用浸水棉被去灭火已经来不及，你顺手拿起一个近旁的尿罐倒扣下去，一手抄起铲子用炉灰扑灭其余的火苗，一下子就把火压了下去。"

杨绛听到这些赶忙制止钱钟书，让他不要再说了。她心里明白别人调侃钱钟书是因为自己从来不吵不闹，不提过分的要求，也明白钱钟书的一颗心里满满都是她。

倘若非要钱钟书拿出一句誉妻的话来，那么必然是说杨绛是最贤的妻，最才的女。前半句是爱，后半句是敬佩与欣赏。

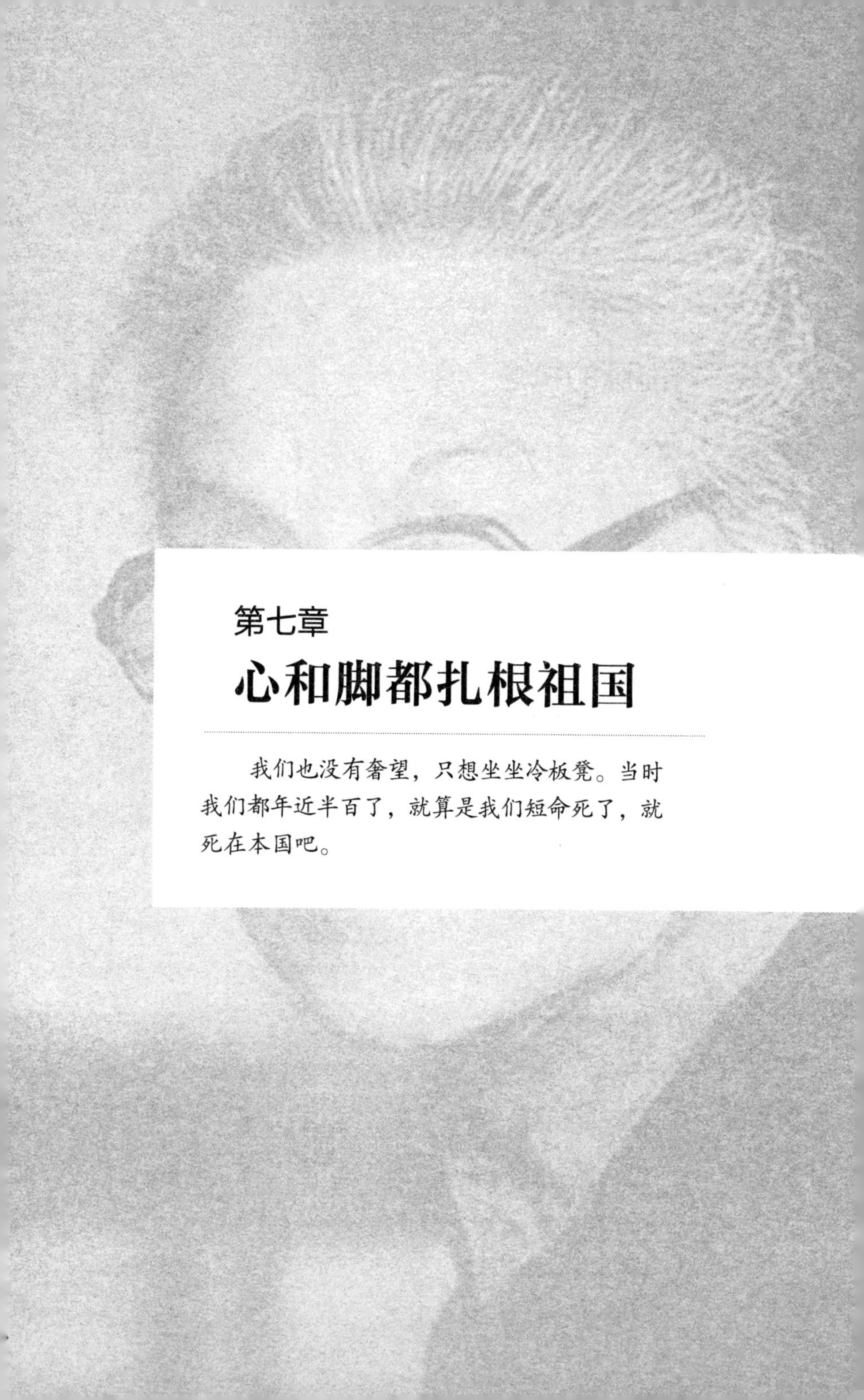

第七章

心和脚都扎根祖国

我们也没有奢望，只想坐坐冷板凳。当时我们都年近半百了，就算是我们短命死了，就死在本国吧。

对血脉的执念

抗战胜利后，杨绛与钱钟书终于守得云开见月明，但阿瑗自小体弱多病，杨绛便留阿瑗一直在身边，自己在家教授功课。1947年冬，疾病再一次不幸地降临到了阿瑗身上，她右手食指指节肿大，后经过检查是骨结核，当时骨结核是无法治愈的。所幸当时抗战已经胜利，家里生活好转，阿瑗卧床休息并补充补充维生素A、维生素D，吃营养品。杨绛遵从医嘱，让阿瑗只在床上玩，不下床，阿瑗的功课由她进行辅导。十个月后，阿瑗的病好了，痊愈的阿瑗立刻到民立中学去参加入学考试，居然考上了。

1948年7月，钱钟书祖父百岁冥诞，钱家老小都回到无锡老家，钱钟书携妻带女回到无锡老家，同家人欢聚。

世界上最难的关系恐怕就是婆媳关系了，杨绛的妯娌们都曾说过，钱家的儿媳不好当。杨绛是小姐出身，钱家人都以为她会娇气，难以相处，可是经过抗战的朝夕共处，杨绛与婆婆的关系并不紧张，反而彼此理解，十分融洽，互相尊重与理解。婆婆许久未见杨绛，瞧见杨绛又瘦了，嘱咐道，有什么好吃的，多买点。这对于杨绛的婆婆实属难得，婆婆性格严肃，从不说这些关心人的话。能对杨绛说，可见杨绛在她心目中的位置。

1949年，解放战争后期，生活在国民党统治区的知识分子比起普通老百姓多了几分选择，因而更加难以揣测自己的命运。人们历经抗战，明白食不果腹、衣不蔽体的日子是什么滋味，物质生活的匮乏他们还能忍受，但是统治阶级高压下的思想桎梏却是知识分子所不能忍受的，他们渴望思想上的自由。当时大家对于共产党不了解，街头巷尾的传闻又偏差得离谱。譬如，说年龄超过四十五岁的知识分子要处死，又说共产党天天开会，开会时就是大家一起互相谩骂。

杨绛与钱钟书都觉得那不过是以讹传讹传出的故事罢了，真相必定不如此。他们在上海的邻居早早就搬走了，因此解放军解放上海时住在邻居家。杨绛看见那些战士朴实可爱，年纪不大，宁愿自己啃干粮也不看橱窗里鲜美的蛋糕一眼，三两个人买一根冰棍同吃。他们人情味重，富有正义感，完全不同于书上所写的。那段时间很多知识分子都收到了国民党抛过来的橄榄枝，杨绛与钱钟书也不例外，不过两人都拒绝了。对他们来说离开故土是残忍的，离开这片需要他们建设的土地是不忍的。

钱钟书与杨绛曾有很多次离开大陆的机会，台湾大学欲聘请钱钟书做教授，他拒绝了；香港中文大学也欲聘请钱钟书做教授，他也拒绝了……当时很多人不理解他为何拒绝这些条件优厚的职位，而坚持留在这片贫瘠、被摧残过的土地上。他们之所以坚持留下，理由正如他们在1938年义无反顾地从欧洲赶回正在战火中的祖国，钱钟书在回国前给牛津同窗的信里写道："人的遭遇，终究是和祖国人民连接在一起的。"这是他们对土地的热爱，也是对自己血脉的执念。

钱钟书对祖国的爱，他爱形容说，衣带渐宽终不悔，为伊消得人憔悴。这个"伊"也就是祖国。

杨绛在《干校六记》里写过这样的话："我们的国家当时是弱国，受尽强国的欺凌。你们这一代是不知道，当时我们一年就有多少个国耻日。让我们去外国做二等公民当然不愿意。共产党来了我们没有恐惧感，因为我们只是普通老百姓。我们也没有奢望，只想坐坐冷板凳。当时我们都年近半百了，就算是我们短命死了，就死在本国吧。"

难得的平静生活

1949年春，战乱终结，春花还是一样绽开，扬州的烟花依旧绮丽。钱钟书与杨绛自结婚后又一次可能也是最后一次共同出游，地点是杭州，虽然只有短短的四天，但是两个人因为美景而心情畅快。

西湖美景，缱绻同游，水绿情深，天遂人愿。

杨绛幼年曾居西湖保俶塔畔，十七岁曾随学校到杭州旅行过，当时就对杭州美景念念不忘，与钱钟书结为连理之后，对钱钟书说过杭州，钱钟书却从未到过有天堂之称的杭州。两人曾在抗日战争最为黑暗时，畅想有朝一日黑夜落幕、迎来破晓之光共游杭州，因此钱钟书在登车赴杭时说："四年宿愿，今日始偿。"

1949年5月26日夜，浓重的夜化不开，雨水更加重了夜色，街头巷尾的枪声顺着窗户缝和墙壁一阵阵传来，钱钟书一家人躲在衣柜底下躲避流弹。第二天凌晨天光未亮，号角声传遍整个上海，上海解放了！钱钟书他们打开门，夜里的雨水积聚在街道上，那些疲惫至极的解放军战士一个个靠着墙睡在潮湿的人行道上。

杨绛因为之前太过劳累，解放战争胜利后，她立刻就病了。她总觉得疲乏，整日病恹恹的，打不起精神来，体重也持续往下掉，医院查不出任何原因来。钱钟书心急似火，当时恰好清华大学到上海招聘，钱钟书想着换换水土也许杨绛的病就好了，杨绛不能病倒，她可是这一家的精神支柱。1949年8月，趁着那似火的暑气，借着母校的召唤，钱钟书出任外文系教授，一家迁居至北平。

钱钟书在清华教授英文，并担任西洋文学史和经典文学之哲学两门课的老师。按照清华旧规，夫妇不能同时同校任教授，杨绛就做兼职教授，只教授一两门课程，所幸可以逃掉不少会议，偷得清闲。杨绛在清华自称“散工”，不参加系里的工作会议，而系里召开家属妇女会，杨绛又借口自己是教课的老师，不去开妇女会，这样省下来的时间可以做自己想做的事。

杨绛虽然自称是“散工”，但是教课十分认真，对于系里吩咐的事情也尽全力去做。那时翻译课有位老师只教中译英，不教英译中，系里找到杨绛，她很爽快地答应了。杨绛教课，不求快，知识点讲授细致，将译文进行比较讨论，学生们很喜欢她的教课方式。钱钟书在清华很受重视，单单从薪水就能看出来，他的每月薪水评定为1100斤小米，只比系主任少20斤。外文系每次换主任，教务长总要先征求钱钟书的意见。

教课余暇时间，杨绛最大的消遣是读书。她偶然读到一本英文小说《托美思河的小拉撒》，故事情节很吸引她，她当即决定把这本书翻译成中文，让所有人都能看到这本书。

这本书是西班牙16世纪名著，后英译成《托美思河的小拉撒》。书中的典故出自《圣经》，《圣经》里有个癞皮花子名叫拉撒路，后来这个名字就成了一切癞皮花子、乞丐的统称。我国古典小说里也有对于这些人的称呼即“喇子”，杨绛考虑“喇子”与“癞子”一音之转，便译作了《小癞子》。

《小癞子》作者不详。它被各国的文学史称作是“流浪汉小说”的鼻祖，是以一位穷苦孩子的口吻讲述他的流浪生活。小说篇幅不大，意味深长，经得起读者反复品读。作者不仅以小孩子的视角讲述了流浪过程中的种种遭遇与所遇到的各色人，还揭露了当时社会的本性，讽刺了小癞子性格懦弱、甘于妥协、苟且偷生的本性。

杨绛翻译的《小癞子》由上海平明出版社出版，此书一经发行就受到读者的欢迎，多次加印。后来杨绛自学西班牙语，又彻底原汁原味地将《小癞子》重新翻译了一遍。新中国成立后，杨绛抓紧时间进行文学创作，佳作迭出，写了很多的小说与散文，其中《小阳春》获得的赞誉最多，连钱钟书看后都称赞杨绛能写小说。

钱家一家三口搬到北京，要说最快活与清闲的应该就是阿瑗了。在上海时阿瑗已经读完初中一年级，按道理到了北京应该升入初二，可是当时清华附属中学校长说，根据规定，阿瑗读初二年龄不够，要是就读的话只能从初一读起。杨绛认为重读初一浪费时间，又看见初中生的课外活动很多，阿瑗好不容易大病养好，身体羸弱，便让阿瑗休学，在家为她授初二初三的课程，到时候直接投考城内高中。

爸爸妈妈给阿瑗规定的课程宽松，每日毛笔字两页，每周钱钟书讲授几次英文语法，让她自己做练习，读一篇英语课文，写一篇英文作文，由爸爸进行修改。剩余的几何、代数、理科课程则由妈妈来讲授。阿瑗除了学习剩下很多空余时间，没有同学陪伴，她就自己在清华园探险，巍峨庄严的大礼堂，曲径通幽的花坛，航空院后的旧飞机，这些情景脱离了现实在阿瑗心里幻化成魔幻舞台，它们透着光，伴随着钟亭传来的悠扬钟声，深深地烙印在阿瑗的心里。对于十二岁的女孩而言，水木清华是世界上最美丽的地方。

阿瑗也有顽皮任性的时候，清华的音乐堂里的琴房每月交一元钱就可以每天练琴一小时，阿瑗自小就喜欢弹琴，那个时候对钢琴的热爱到了痴迷的程度。她看见琴房空着就偷偷溜进去，弹一两个小时，弹得不亦乐乎，音符变成游戏里的小人陪伴着她。

有时不知不觉就到了下午，爸爸布置的功课没有完成，每天两页的毛笔字来不及写，阿瑗就悻悻地拿前一阵子爸爸没有批改的几页以旧充新。头一两次爸爸没有察觉，第三次的时候被发现了，爸爸勃然大怒，觉得这是品德的问题，痛斥阿瑗，还把她的英文课本撕了，说再也不教她读书了。妈妈也批评了阿瑗，可总归是理智一些，让阿瑗把英文课本修补好。

这件事给阿瑗留下了深刻的印象，对于她的人生而言是及时的纠正，告诉她无论做人做事都要讲究真诚，万不可弄虚作假。而阿瑗此后也是这样为人处世的。

1950年，钱钟书奉命调入中共中央毛泽东选集英译委员会参加翻译毛选。在翻译的过程中，钱钟书严谨的作风在那个年代又成了"狂傲"的说辞。他指出毛主席的书中有错误。钱钟书自幼喜欢《西游记》，熟读内容，对于故事情节记得颇为清楚。毛主席的文章里写的是孙猴儿钻进牛魔王的肚子里去了，而实际是孙猴儿变成小虫，被铁扇公主吞进肚里的。当时委员会主任请示上级后，从全国调来各种版本的《西游记》来核证，发现钱钟书没有错，只得让毛主席修改了原文。

在那个年代，能够翻译毛主席文选是至高荣誉。大家听说钱钟书翻译毛泽东选集，纷纷来道贺。当时一位旧相识，平时不过是点头之交，听到这个消息却马上雇了人力车专程来祝贺。钱钟书惶恐地对杨绛说："他以为我要做'南书房行走'（前清的旧称，意味着儒家入世的最高形式代表——帝王师）了，这件事不是好做的，不求有功，但求无过。"好在钱钟书英文底子深厚，当初留学时大量的阅读给了他丰厚经验，他翻译起来既快又好，很有英文意境。

风暴来临

平静的生活并没有持续太久，一场巨大的风暴正在酝酿之中，即将席卷全国。

1951年，周恩来总理在京津高校教师学习会上做了《关于知识分子的改造问题》的报告，号召教师们认真开展批评与自我批评，努力使自己成为文化战线的革命战士，由此开始了全国的知识分子的思想改造运动。运动开始时，杨绛还在清华教课，一直处于“散工”状态，很长时间未到系里开会学习，那时风声鹤唳，四处都掀起运动风潮，杨绛有点心虚。钱钟书调到毛选英译委员会后，她不去开会，情况更加糟糕，系里的事情更加隔膜。思想改造会议时有人提出，杨季康怎么不去开会？杨绛答：“因为是兼任教授的缘故，怕没有资格。”但心里已经有了害怕，系里既然要她开会，她就每会必到，随大家学习周总理报告，到北大、北师大去看大字报，听报告。各系掀起“洗澡”者的检讨，后来，杨绛以“洗澡”为名写了一篇小说，那部小说正是记录了当时发生的人和事情，是杨绛迄今为止唯一的一部长篇小说。当时全国上下掀起“三反”运动，即“反贪污、反浪费、反官僚主义”，被大家戏称是“脱裤子、割尾巴”，但是这些词用到“知识分子”身上委实有些粗俗，所以在高校里被称为“洗澡”。

对杨绛和她的绝大多数同事来说，这事都是闻所未闻的，所以印象特别深刻。“洗澡”按职位大小分为大盆、中盆、小盆，职位高的自然就是大盆，以此往下，当时还有帮忙“洗澡”的人。这些人背着洗澡者搜集他们的问题材料，当面批判他们的错误，洗澡者只要没有检讨到搜集的那些问题就不算过关，还得重洗。

运动期间，为了避免嫌疑，朋友们大多不再来往。杨绛“洗澡”前有人提醒了她，路过她身边的时候念叨了三遍“Animal Farm”（动物农场），杨绛一下子明白这就是她的“底”，是她的“问题”。杨绛在检讨时交代自己在课堂上介绍英国当代小说时，讲过Animal Farm，这是一部反动小说，交代了自己的问题，“洗澡”顺利过关。专管“洗澡”的全校学习领导小组还将杨绛的检讨作为“做得好的”检讨在学校进行了表扬。

可是好运不长，在学生控诉教师们腐朽的资产阶级思想对学生的深重毒害时，有位不是杨绛班上的学生，站起来咬牙切齿地指着杨绛控诉说：

“杨季康先生上课不讲工人，专谈恋爱。

杨季康先生教导我们，恋爱应当吃不下饭，睡不着觉。

杨季康先生教导我们，见了情人，应当脸发白，腿发软。

杨季康先生甚至于教导我们，结了婚的女人也应当谈恋爱。”

这些话无疑是一声声惊雷，炸开在会场上，所有人都瞠目结舌地看着杨绛，杨绛也很惊异。这个学生不是她班上的，况且她那天在系里的检讨，只是说了反动小说的问题，一字未提“谈恋爱”，当时并未有人质问，检讨也得到了系里的认可，怎么到了今天会被控诉成是专门“教谈恋爱”的教师了？散会后，大家拥挤着走出礼堂大门，杨绛就像是瘟疫源一样，人人都躲着她走，只有外文系主任过来悄悄地问杨绛：“你真的说了刚才那些话吗？”

杨绛反问道：“你想我会吗？”

主任立刻说道：“我想你不会。”

在当时的环境下能有人送来只言片语的支持与鼓励都是难得的，杨绛很感激主任，可还是谨慎地离主任远一些，以免连累到他。

杨绛带着一肚子的憋屈与莫须有的罪名回到家中。假设杨绛是个感情脆弱的女人，可能就上吊自杀了，可她不是，她只是火气旺盛，像个鼓鼓的皮球，没法按下个凹处来承受这份侮辱。她问心无愧，也就不怕这冤屈，照旧读她的书，睡她的觉，第二天早晨起来特意打扮一番，喜气洋洋地走到菜市场，去人最多的地方转悠，看看那些避着她的人怎么办——有人及早转身，有人假装没看见她，也有人照常打招呼和她聊天。

个人的命运在时代的洪流下更加跌宕起伏，没隔多久《人民日报》上便刊登了大会上女学生控诉杨绛的文章，杨绛以为此事一出，她的教师生涯肯定要到头了。没想到到了下学期，课程不但没有取消，学生们反而争先恐后地来选修她的课。

这个世界上，幸运的总归都是少数，杨绛与钱钟书的好友高崇熙就没逃过这场风暴。高崇熙先生是清华大学化学系的教授，还兼任了化工厂的厂长，当时建国初期很多化学品需要靠国外采购，价格极贵，崇熙先生带领化工厂自行生产了很多化工产品，为国家节约了很多钱。他为人刚直不阿，专业素养极高，只是脾气不好，容易走极端。一个星期日的下午，钱钟书与杨绛去高先生家拜访，当时高太太不在家，只有高先生一人，高先生对于他们的拜访很意外，倒了水，独自发呆。钱钟书问起厂里的运动，他笑着答：“没什么事了，快完了。”他笑得勉强，话语很少，似乎有点病恹恹的。杨绛觉得来得不是时候，借口说是路过顺道来看看他们，还要去别处。告别的时候，高先生没有挽留，只是送了又送。送出客堂，送出院子，一直送到工厂大门口，最后目送钱钟书夫妇远去。钱钟书觉得高先生有些反常，按理说他好像不太欢迎来客，可却送了又送。

过了一天，传来消息，高先生服氰化物自杀了。钱钟书和杨绛是高先生自杀前最后见到的客人。他们看见他时，高先生大概已经打定主意自杀了，所以才把太太支走一个人在家。听到这个消息，杨绛十分后悔，说道："只恨我们糊涂，没有及时了解。"

肉体的脆弱在于不能抵御利刃与重锤，身行于世，康庄大道多的是，世上哪有那么多利刃与重锤呢？心却是走在汹涌大海中的钢丝上，众人的言辞，情感的沉浮，都可能成为风浪，变成疾风骤雨，稍不留神心也就破碎了。而心是生命的灯芯，灯芯灭了，生命也就走到尽头了。

钱钟书与杨绛在那些年虽然也没少经历风浪，但是走得四平八稳，不为所动，他们心里装得少，不过是一份纯真的感情，一份求知的渴望，还有一兜子的书。

钱钟书在毛选英译委员会早已经"洗澡"完毕，单位小，人少势弱，远不如清华运动的声势浩大。因为钱钟书是清华的教授，学生们要求钱钟书回到学校再"洗"一遍，杨绛请了假到城里，也替他请了两天假。

钱钟书与杨绛回到学校认真观摩了很多人的检讨会，钱钟书学着模样认认真真做了检讨，一次通过。"洗完澡"后钱钟书又回到毛选英译委员会工作。杨绛松了一口气，她心里问自己：我们洗干净了吗？

杨绛始终认为，人是有灵性、有良知的动物。人生一世，无非是认识自己，改造自己，但必须自觉自愿。

清华大学在“三反”批判资产阶级思想阶段已停课，之后在进行“清理中层”工作中继续停课。运动结束后，学校开会评定薪金，各人多少斤小米，自报公议。那时钱钟书在毛选英译委员会工作，没有参加清华开会评小米。杨绛因为自称是“散工”并不是专职教师，所以报的斤数少，只有650斤，而钱钟书因为没来参加，因此评的斤数与当初的1100斤相距甚远。评议完薪金后，所有教师填写表格重新分配工作。当时高等院校即将进行大调整，调整后，全国综合性大学由五十五所减为十三所，而文科降低比重最大，国家重理轻文的倾向十分明显，急功近利，实用色彩明显。

杨绛曾说：“经历了运动，谁都怕教书了，我已设法少讲文学而注意语法，发现文句中可发挥处，我称‘捉虱’，细讲语法，学生有兴趣。开会回家，借阅系里一套Jespersen英文文法（奥托·耶斯佩森所著《现代英语语法》）在家细读，打算以后只教基本语法。”

1952年清华大学进行调整，所有人重新分配。钱钟书与杨绛被分配去文学研究所，家搬入北大新建的中关园宿舍。新房面积不大，是平房，只放得下几个简单的家具。两个人还给新家起了一个雅致的名字：容安居。在当时的风浪下，既是祈愿容得一份安逸在家里，又是表明自己的心态，不怕风急浪大。

杨绛分到文学研究所后与钱钟书一起到了外文系，从事翻译研究工作。杨绛在研究所并不受重视，一是源于当时重男轻女的思想，二是因为有一份反映钱钟书“思想反动”“政治复杂”的黑材料被递到了组织上，杨绛是反动教授之妻。第二次全国文艺工作者代表大会，文学研究所的所有研究员都是代表，除了钱钟书与杨绛。外文组集体编写的《西洋文学史》，不参与者只有杨绛一人。虽说政治身份被定义成了反动教授，但是钱钟书与杨绛的才学并不受到影响，研究所的所有人都认可他们。杨绛虽然不是编委，但是当时作者、译者与责任编辑一旦起了冲突，决断者都是杨绛。在审阅稿件中，杨绛是一员大将。当时杨绛所做的工作，旁人总以为有钱钟书的协助，虽然她觉得委屈，但是很占便宜，她所做的每一项仲裁，每一条双方都服帖。

杨绛自称是个“零”，新中国成立前夕，杨绛不肯离开祖国，决意留下来，哪怕成为坐冷板凳的知识分子。杨绛在外文组受到排挤，钱钟书代她不平，1956年钱钟书升为一级研究员的时候，回到家气呼呼地点着杨绛的手背说：“从此你就永远是三级了！”不过杨绛不在乎，她被忽视，披上一件用卑微做的隐身衣，自得其乐，虽然别人眼里没她，但正好可以保持原本的心性，专心地做好自己的事情。更何况，世事都是当局者迷，旁观者清，做一名旁观者正好见识世态人情的真相。

杨绛投入全部身心翻译的法国小说《吉尔·布拉斯》在《世界文学》上分期刊出，获得主编在年终总结大会上的表扬，后一经出版就受到读者的欢迎，不久便销售一空，出版社不得不加印。加印时杨绛为了使译文更好，重新修改一遍，方才加印。钱钟书在杨绛受到冷落时，作为她最坚实的依靠常伴身边，只有他真正了解杨绛的才华。钱钟书在文学所任职的时候，总是与杨绛同进同出，形影不离，令人羡慕与赞叹。

时代的风浪从不会停歇，有些人被吹没了影儿，有些人乘风而上，有些人守着自己的心逆风前行。对于杨绛与钱钟书来说，这风不可怕，心守得住，因为心的旁边总有一双坚实的手。

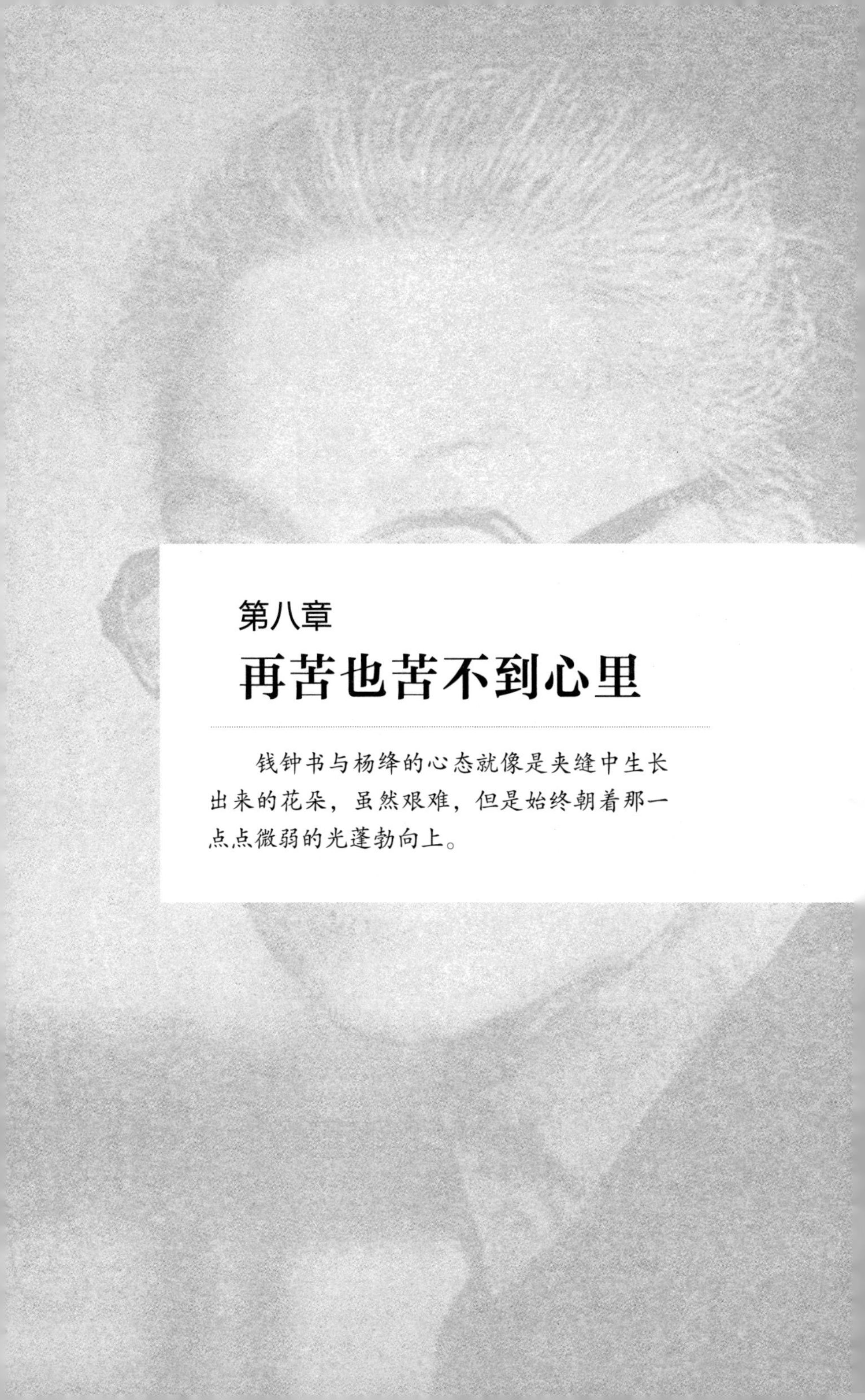

第八章
再苦也苦不到心里

钱钟书与杨绛的心态就像是夹缝中生长出来的花朵，虽然艰难，但是始终朝着那一点点微弱的光蓬勃向上。

下乡过五关

1956年，“拔白旗”运动开始了。所谓“拔白旗”是指在“大跃进”过程中，把一些坚持实事求是、反对浮夸的人，以及一些所谓具有资产阶级学术观点的人，都作为“资产阶级白旗”加以批判、斗争甚至处分，当时把这种做法称为“拔白旗、插红旗”。

杨绛当时的论文《斐尔丁在小说方面的理论和实践》及钱钟书的《宋诗选注》都是当时的白旗。由于从事外文的缘故，很容易误入雷区，即便他们再小心谨慎地生活，到了1958年，灾难还是降临到了他们身上，他们被扣上了“资本主义”的帽子，文章成了资本主义的“毒瘤”，成为不可不拔的“白旗”。

这是一个不小的罪名。钱钟书与杨绛在批判会上只得用沉默来求得安稳，恰如钱钟书说的：If we don’t have freedom of speech，at least we have freedom of silence.（如果我们没有说话的自由，那么至少我们有沉默的自由。）好在他们平时为人低调和善，批判程度较轻。

当年10月下旬，文学所外文组十几个人下乡接受社会主义教育，改造自我，杨绛在其中，不到一个月钱钟书也被分配下去。杨绛拿好行李，急急忙忙跟着大家赶往公社，行李虽然已经精简至最轻，但无奈杨绛本来身子就单薄，赶往公社短短一截路累得筋疲力尽，好不容易才赶上了下乡的车。

文学所下乡的队伍被分成两队：一队前往富庶的稻米之乡，一队去贫瘠的山村。杨绛运气不好被分到了山村太和庄。按照当时的情况，杨绛本可以不下乡，因为按照规定，四十五岁以上的女同志可以免于下乡。钱家一家迁往北京本就是给身体不好的杨绛换换水土，后来她虽然身体好些但依旧孱弱，下乡条件差，她身体怕是承受不住。可杨绛自小就不是个娇气的人，她担心家里的一老一少，如果不去，少不了有些人又借题发挥。

杨绛的队长是个平易近人的人，下乡的又大多是原本的同事，人际环境还算舒适。知识分子们下乡，总要学会苦中作乐，调节心态。他们一队刚到乡下就看见一个农村姑娘像蒙娜丽莎，于是大家就称她“蒙娜丽莎”，打麦场上有一位面容清癯、留着一撮胡子的老者，正撑着一支竹竿仰首望天，看着像堂·吉诃德，于是又被称为“堂·吉诃德先生”。

下乡主要就是干农活，他们每人发一根木棍，跟着公社的老大妈们一块砸玉米棒子，给玉米脱粒，休息的时候也跟老大妈攀谈说笑。玉米脱粒完又推着独轮车运麦秸杂草，杨绛学得快，很快就能把堆满麦秸杂草的独轮车推得稳当。杨绛向来走路轻快，可推独轮车需要脚跟着力，走久了，袜底也渐渐磨穿了。

下乡的知识分子与农民同吃同住，他们在农民食堂吃饭，早晚是玉米糊糊煮白薯，中午是窝头白薯，刚开始吃的时候新鲜感作祟，所有人都觉得好吃。可是一个月后全队人都开始犯馋，缺少油水，饿得很快。杨绛有次做梦推开一碟两个荷包蛋，说不要吃，因为心里想念的是家里早晨的牛奶冲红茶。杨绛醒来后给同队的人讲了这个梦，队里的人都埋怨她为何不吃，哪怕她不吃拿过来让他们吃也好。分在稻米之乡的那一队得知他们的馋劲儿，忙买些大米煮了米饭请他们过去解馋。杨绛连吃两碗，觉得生平没吃过这么香甜的白米饭。

同队的男士们同农民睡一个大炕，天气转凉后，村里给腾出一间空房。他们打扫干净，买了煤，生起炉子，小队就有了个可以称之为家的地方。队里的女同志们，被安排在工人家住，工人家有钱买煤，可以睡暖炕，后来工人休假回家，杨绛和女伴们连夜搬出，在一间满是灰尘的空屋冷炕上睡了一夜，第二天搬入公社缝纫室。室内只有一张竹榻，竹榻小，晚上睡觉不小心就会掉下去。最后搬入村里的托儿所，托儿所是暖炕，白天她们卷起铺盖让孩子们上炕玩，晚上她们就睡在暖炕上，有时候孩子顽皮骑在铺盖上偷偷撒尿，晚上睡觉的人就遭殃了。

那个时候下乡杨绛觉得有五关，劳动关、居住关、饮食关、方便关、卫生关。杨绛是个爱干净的人，对她来说劳动关、饮食关、居住关都不难过，方便关却不好过。农村的厕所都是粪坑粪池，搭板又窄又滑，踩上去一不小心就有跌下去的危险，每次方便杨绛都战战兢兢，生怕掉下去。有一次杨绛吃了绿豆粉的面条，夜里拉肚子，可是晚上黑灯瞎火的，厕所的粪坑又危险，杨绛想何不学猫咪？她拿着碎瓦片挖了个坑，方便完了，掩上土，铺平落叶。卫生关，是因为缺水，洗脸洗手都舍不得用水，吃完饭就用手背抹一下。

杨绛与村里的乡亲关系都很好，之前那个“堂·吉诃德先生”与“蒙娜丽莎”都与杨绛成为好友。老乡们都跟杨绛亲近，她因此得到了一个“友好使者”的差事，例如给托儿所送礼，过年时给食堂厨房送礼，都拜托杨绛送，杨绛会说话，每次都能圆满完成任务。

杨绛说：“我并未刻意和老乡打成一片，只是老乡喜欢接近我。例如有个初下乡时见过的老妈妈，一只手伸进我的袖管捉住我的手，一手抚摸我的脸说：‘噢唷，才十来天，已经没原先光了。’”都说相由心生，人的气场都是在潜移默化中形成，杨绛性格善良，不与人争，和善会说话，这样的人自然讨人喜欢。

风暴下的最好的情书

杨绛先钱钟书一步下乡，钱钟书每日一信，信写得字小行密，情真意切，绵绵情意浸润纸间。和杨绛一起下乡的老先生们，有的压根没有一封家信，有的一两星期才有一封家信，只有杨绛天天有信。钱钟书随后下乡，不如在学校时有时间，但仍旧偷空写信，虽然不能保持每日一封的频率了。杨绛说："这是默存一辈子写得最好的情书，用他自己的话，'以离思而论，行者每不如居者之笃'，'惆怅独归，其"情"更凄戚于踽凉长往也'。"

钱钟书写来的每封信对于杨绛来说都是珍贵的，每封信她都读了又读，舍不得丢，都收在衣袋里。衣裳的每个口袋都被塞得满满当当的，行动不便时，只好抽出来藏进包里。身上倒是轻了，心却重了，紧张的时代一点风吹草动就会草木皆兵，信里的内容不过是思念毫无涉及政治的内容，但是经过政治运动的人，都会害怕。信攒多了，包里也塞不下了，杨绛只好狠狠心，付之一炬。杨绛后来搬入托儿所，钱钟书写的情书可以塞入枕套，卷在铺盖里，不会被人发现，求得安全，这些信才得以保存被带回家。

下乡两个月，杨绛与钱钟书结束了乡下生活。杨绛扎根土地，与工农同吃同住，接受了一番教育，她说："下乡对我大有好处。我对老乡更能了解，更能亲近。农民跟知识分子和工商界差不多，各式各样，也有很刁的农民，只是乡里人较朴实。"

杨绛的下乡评语是能跟农民打成一片，对此她很满意。

杨绛和钱钟书一前一后回到北京，刚毕业的阿瑗的工作却成了一个大问题，当时的工作是国家分配的，她当时填的志愿是"支边"。身为父母，怎么舍得长在身边的女儿去支边，更何况这个"边"还不知道是哪个"边"，但是最后学校的分配名单下来的时候，阿瑗被留校当助教，这对于一家人而言简直是喜出望外。

一家人只要能在一起，日子过得即便平淡也是满足而幸福的。人这一辈子找寻各种各样新奇刺激的事情，不过是想要填满自己空虚的心，倘若有人一下子就能填满心，那么做什么事情已然不重要，重要的是那个人或者那些人在身边。

一家人下馆子点菜时，钱钟书总能点到好吃的菜，女儿阿瑗也继承了爸爸的优点。唯独杨绛点到的菜不中吃。不过菜品倒是其次的，一家人下馆子最大的乐趣是观察其余桌子的客人，所谓格物致知，钱钟书和阿瑗总能从食客的细枝末节里推断出很多事，还能编出前因后果来，活脱脱地像是在写小说。一顿饭下来，一家人吃得饱，乐得足。

最强的风暴还是袭来了。1966年8月27日对于杨绛来说是非常不幸的一天，白天在办公室以“资产阶级毒瘤”的罪名被迫交出《堂·吉诃德》全部翻译稿，这可是她的誊清稿，并未留底。晚上又在宿舍里接受批斗，被剃光了半个头，成了“阴阳头”。

那一年应该是最为黑暗的一年，钱钟书与杨绛一前一后被监管，接受改造与批斗，没有工资，存款被冻结，每月只给一定的生活费，吃的也进行了限定，寒酸得很，只有窝窝头、咸菜和土豆，穿的也限定了。

钱钟书之前被批斗时头上被剃掉了横纵两道，成了十字头，不过杨绛有办法，给钱钟书剃成光头就看不出来了。可是杨绛被剃成了“阴阳头”可是急坏了钱钟书，明天可怎么出门啊？那时，被剃头的都是所谓的“牛鬼蛇神”，不允许请假，每天都要去牛棚接受批斗。杨绛却不惊慌，她忽然想起阿瑗几年前剪下的头发，灵机一动，用钱钟书的帽子作底，一小股一小股地缝上去，花了一夜的时间，缝制成一顶假发，第二天戴着这顶假发出门。

手工缝制的假发跟真头发差异还是很大的，杨绛戴着假发上公交车时，被售票员发现了，大喊："嘿！你这个黑帮，还敢上车？"杨绛又气又恼辩解道："我不是黑帮！"

到了菜市场买菜的时候，很多人也看出端倪，对着她指指点点，卖菜的也不愿意卖给她。杨绛负气回家，以后就由钱钟书去买菜，杨绛只是每周去买次煤。

杨绛自从被打成"牛鬼蛇神"后，就被安排打扫办公楼的两间女厕所，杨绛不憷不羞，自己置办了小刀、小铲子，还做了个小拖把，带上肥皂、洗衣粉埋头认真打扫，过了没多久，原先污秽不堪的厕所被她打扫得焕然一新。洗手池从乌黑锃亮变成了洁白闪光，厕所的异味也因定期通风而消失殆尽，门窗透出了应有的光，厕所变得明亮干净。来如厕的女同志都被惊到了，不由对杨绛顿生敬重之心。

俗语有言，夫妻本是同林鸟，大难临头各自飞。杨绛与钱钟书在艰难时代却守着一份爱，敢于互相保护，抵御风浪。在"清理阶级队伍"时，文学所的革命群众贴了一张钱钟书的大字报，把以前已经查清楚的"黑材料"又写了出来。杨绛听说了，当夜就和钱钟书打着手电赶到学校大院，在这张大字报下面贴了一张小字报来辩诬。革命群众并不知情，他们以为是真的有人揭发了钱钟书的"黑历史"，而杨绛胆大包天地贴小字报，他们立刻抓了杨绛到千人大会上进行批斗，想用气势压倒杨绛，不想杨绛并不为之所动。

他们责问杨绛："给钱钟书通风报信的是谁？"

杨绛如实回答："是我。"

又问："那夜里贴小字报的是谁？"

答："是我，为了提供线索，让同志们查清楚。"

杨绛对阵千人不甘示弱的气势彻底激怒了台下的人，引来一片厉声呵斥："谁是你的同志？"杨绛答："你们。"大家辩驳不过她，从台下扔上了一面铜锣，一根棒槌。他们让杨绛一边敲一边走，要喊："我是资产阶级知识分子。"杨绛本就觉得委屈，没处发泄便开始使劲敲锣。

这犹如闹剧的一幕成为很多年后的笑谈，所里的群众都觉得杨绛是个知书达理，说话温柔的女人，但是经历过这件事后，所有人都对她刮目相看。

杨绛虽然顶撞了革命群众，但是他们后来得知大字报揭发钱钟书的事均已查清，就没有再为难她。

1969年，杨绛夫妇同其他知识分子被集中到一起生活。因为年纪大，身体不好的缘故，对于他俩管理比较宽松，让他们回到家里住，但是集体的学习和训练需要参加。两个人因为训练不在一起，只能趁在食堂吃饭的时候说会儿话。

夹缝中的希望微光

寒冷的冬天在1969年来得格外的早，钱钟书与杨绛要下干校去锻炼。这次下干校与之前的下乡不一样，这次是彻底移居，不仅是人要过去，连行李、家当也要跟着过去，代表着回来遥遥无期。杨绛本以为能给钱钟书庆祝他六十岁生日，没想到泡汤了，心里倍觉遗憾。

动荡的岁月，总有一种强大的力量将人们的梦想与欲望一点点伸展，碾平，不留一点余地。钱钟书比杨绛先下干校，去的是大罗山县的五七干校，地点偏远，条件自然很艰苦。杨绛为钱钟书准备行李的时候，带了很多加工过的衣服，以应对在艰苦环境下的劳作。杨绛把裤子和衣服容易磨损的地方重新加厚了一下，用针线垫着布片纵横交错地缝着，钱钟书看后十分欣赏，他说，走哪儿都能带着垫子。

这一走也不知道何时归来，这些衣物也算是带走了杨绛的一颗心。

钱钟书走后，杨绛在北京的日子也过得极为艰苦，她被分配去挖防空洞，目的是贮藏书。这是一项大工程，机械少得可怜，基本是靠人力去挖。杨绛本来身体就差，又上了年纪，做起来十分吃力。

杨绛平时生活为人和善，乐善好施，很多人都被她帮助过。在遭批斗的时候，杨绛把自己的诀窍介绍给落难的同伴尝试，比如晚上批斗，晚饭少吃一口，批斗的时候嘴里含块人参，这样头脑可以保持清醒。谁家有困难，她都尽力去帮，同事的母亲生病，她帮着寻医问药；街坊邻居谁家困难，她买东西时总会多买一份。得益于积善，福报来得也及时。周围人看到她的防空洞“任务”做起来力不从心，便都要帮她做，她说帮对方打一套毛衣作为报酬，但是对方执意不要，只是看她一个人不容易。

死亡加深了这个时代的烙印。杨绛的女婿、阿瑗的丈夫王德一，在这场运动中被定义成“过左派”的组织者，在杨绛下干校前夕，王德一含冤而死。杨绛的妹妹杨必也因为心脏病发作去世，父母与三姑母的墓碑也被破坏。所有的人都在时代洪流中被冲刷得支离破碎。

杨绛下干校的那天，因为钱钟书已先下干校，只有阿瑗独自来送杨绛，杨绛让阿瑗回去，阿瑗又不肯。坐在车里的杨绛透过车窗看着独自站在车站瑟瑟发抖的阿瑗，她不敢想以后这段艰难岁月他们三人将如何孤独地各自面对。想到这里，杨绛的眼泪掉了下来。

时隔许久，再见到钱钟书的时候，钱钟书又黑又瘦，完全变了个人。他受了不少苦，但在干校也算是受到了优待，他是他们连的通讯员，不过是每天去邮电所去领取报纸、信件、包裹等回连里分发。杨绛下到干校之后，归属于菜园班，每日的劳动就是到田里锄草。队长对杨绛很照顾，分配工作的时候，男同志一人管四垄，女同志一人管两垄，只有杨绛一人管一垄。可即便是一垄的草，对于杨绛来说也是巨大的工作量。两个来自农村的年轻人是干农活的能手，他们对杨绛说，你那一垄也别管了，我们就留几根“毛毛”给你。他们锄草速度很快，一溜烟就到了前面，杨绛跟在他们后面锄那几根他们特意留下的“毛毛”，这样困境中的恩情让杨绛有说不尽的感激。

菜园班班长对杨绛也格外照顾，那时干农活需要取工具，而钱钟书就是看守工具的，看守的地方离杨绛干活的地方步行十来分钟。班长就常派杨绛去借工具，借了要还，同伙都羡慕地看着杨绛兴冲冲地来来去去，借了又还。那个时候，一点温暖人情的显露都会让人觉得美好。

钱钟书每次去邮局取包裹时都会路过菜园子，他有时候就绕道菜园子去看看杨绛，大伙儿见钱钟书来了就停下手里的活，表示欢迎。杨绛在菜园子劳作的时候，发现小溪干涸，钱钟书可由她们的菜地过溪去邮电局，不用绕道。时间虽然只有片刻，地点也只是菜园，但两人可经常在菜园相会，说不了几句话就得分开，虽三言两语，但是每天能看见彼此，已然知足。杨绛曾经这样记录这段时间的约会："我们老夫妻就经常可在菜园相会，远胜于旧小说、戏剧里后花园私相约会的情人了。"

一次，杨绛自己值守菜园，来了几个军宣队（解放军毛泽东思想宣传队）的人，问杨绛借铁锹并指着菜园子东南方向的两个坟包问是不是干校的坟，杨绛答，不是。他们便在干涸的小溪边开始挖土，不一会儿就挖出一个四五尺深的坑，然后从旁边大车上抬下一具穿蓝制服的尸体，用席子一卷就埋到了坑里。他们走后，杨绛慢慢走到溪岸埋人的地方，只看见一个浅浅的土堆，谁也不会知道这是一个新坟。她心里又惊又怕。

第二天，她告诉钱钟书，在溪岸上走，留心那些小土堆，那些都是新坟，泥土之下就是他们的尸身。

对于下放干校，对于艰难困苦的生活环境，杨绛"既来之，则安之"，虽然不能写作，但是她仍旧时时刻刻在观察生活，并把这些片段铭记于心，后来创作了《干校六记》，生动形象地描绘了当时的生活环境，杨绛处之泰然的心境也表明其中，用语朴实乐观，给了那个时代一点温暖的描写。

干校所有人员于清明节后搬往明港兵营，明港兵营的生活比起之前的地方要好很多，有玻璃窗、洋灰地的大瓦房住，伙食也好了很多，但是杨绛他们在这儿除了每天开会发言根本无事可做。杨绛说："我们既不劳体力，也不动脑筋，无功受禄，惭愧呀。看着大批有为的青年成天只是开会发言，心里也暗暗着急。"

干校除了发言什么都不做，但也不允许谁离开。虽然步行一个小时就能到火车站，但是没有军宣队开的证明信，买不到火车票。请假回北京看病也不行，虽然家在眼前，可是回不去。

杨绛与钱钟书想家，更加想念独自一人在京的阿瑗。杨绛有次半夜被惊醒，猫儿给她送来两只血肉模糊的老鼠，她吓得魂不守舍，床单洗了一遍又一遍，可是床单上的血迹始终洗不掉。杨绛跟钱钟书说这件事的时候，钱钟书说，也许这是吉兆，说明你要离开此处了，老鼠的内脏与身躯分成两堆，离也；属者，处也。

钱钟书与杨绛的心就像是夹缝中生长出来的花朵，虽然艰难，但是始终朝着那一点点微弱的光蓬勃向上。

回京

1972年3月，杨绛和钱钟书作为第二批“老弱病残”被遣送回北京，回到他们已经离开两年的家。回到家后，钱钟书开始写《管锥编》，杨绛继续翻译《堂·吉诃德》。她在“文革”前已译完的大部分的原稿，下干校前找了回来，因为中断多年，杨绛得重头翻译。

“文革”后期，军宣队采取了一项革命措施，让“革命群众”入住“资产阶级权威”家，名曰“掺沙子”。文研所和外文所许多革命群众与钱杨夫妇相处久了，都很融洽。但是掺杂入他们家的一对革命男女，却对走出“牛棚”的钱杨夫妇不能相容。入冬后，钱钟书与杨绛以强邻不能相处，经领导批示，开始了流亡生活。

他们来到了阿瑗在北师大的宿舍，房子是三楼朝北的房间，阴冷不向阳。虽然房子条件不好，但是难得的是一家三口又住到了一起。阿瑗领着爸爸妈妈一进屋就把手背到后面说道："哎呀！不好了！都暴露了！"

阿瑗的生活习惯随了爸爸，笨手笨脚而不注重细节。她常跟钱钟书一起组成战队反抗妈妈的整洁，比如杨绛摆好整齐的毛巾到了他们父女这儿就是随意一搭。两人只有在杨绛的监督下才会好好收拾屋子。这次房间里又脏又乱，阿瑗见爸爸妈妈要搬进来了，不免大叫不好了。

这个宿舍只有上下铺的双层床，因为阿瑗一个人住，所以许久没有收拾过，灰尘积攒了一大层，像是厚厚的粉底一样盖在书桌上，所有的家当都随意摆放，活脱脱是孩子玩完的积木一般。杨绛看到这儿，来不及生气就笑了。

也许心底最重要的那个人，只有当他展现出曾经生活中你最厌恶的一面时，你才会觉得这个分别多时的人，终于真真切切地再次出现在生命里了。哪还来得及生气，应该是欣喜才恰当。

很多邻居看到钱瑗的爸爸妈妈来了，又听说了钱爸钱妈的遭遇，都很同情，纷纷从家里拿来被子、褥子、枕头、锅碗瓢盆、菜刀、锅铲，柴米油盐酱醋茶几乎都齐了，解决了他们生活的困难。一家三口把钱瑗的宿舍打理整洁，又忙在楼道生上煤炉，将钱瑗从食堂打回来的饭菜热了一下，一家人终于坐在一起吃了顿饭。虽然屋寒餐简，但心暖情重，杨绛在《我们仨》里写道："屋子虽然寒冷，我们感到的是温暖。"

冬越来越深，寒风跟刀子一样顺着窗缝往屋子里钻，因为停电，学校宿舍的暖气也时有时无，当时他们出来只带了随身衣物，冬衣还放在胡同宿舍里，杨绛生怕钱钟书着凉犯病，央求一位身材高大的转业军人充当保镖，陪她回去取了冬衣，可即使争分夺秒，钱钟书还是冻得感冒了。

钱瑗的一个同事知道他们一家人住在一间寒冷的小宿舍里，便将朋友让给他的两间教职员宿舍让给了他们，教职员的条件比学生宿舍好些。两间房，一间朝南，一间朝东，阳光充沛。一家人喜气洋洋地开始搬家，当时搬家忙乱，谁也没注意到已着凉感冒的钱钟书也来帮忙，他正笨手笨脚地扫一堆陈年积土，杨绛发现时他已经吸入大量粉尘，于是引发了哮喘。当时病得严重，幸亏送到医院及时抢救才得以缓解。钱钟书得到文学所领导的许诺可以静养，其后的“文革”运动都可暂不参加。哮喘引发的大脑缺氧让钱钟书一时说不清话，手脚也没那么灵活，幸亏只是一时的没有留下病根。

他们在小红楼过完冬天，因为房子是借住的，总不能一直占着，杨绛去文学所求得一间堆杂物的办公室。文学所和外文所的年轻人们，帮着他们打扫收拾了屋子，还担心暖气不够热，装上炉子，拉来好几车的蜂窝煤放在楼道里。1974年，春末夏初，杨绛和钱钟书搬入这间办公室，他们看见所里的年轻人已经替他们布置好了一切，心里感激难当。

房子不大，两壁铁书架，两张行军床，中间放一只木箱当作床头柜。虽然房间简陋，但是对于杨绛与钱钟书来说，颇有斯是陋室惟吾德馨的味道。一切安顿停当，钱钟书即继续开始写他的《管锥编》，杨绛继续翻译《堂·吉诃德》，两个人无论身处何地，只要有书本与文字就能让他们觉得安心。

对于所有的回忆者而言，回忆之难大概在于很难举重若轻。但如若不去回忆，甚至不去过去掉泪，那么人生该少掉多少乐趣呢?

杨绛先生回忆起这段最为艰难的往事时如是说："乌云蔽天的岁月是不堪回首的，可是停留在我记忆里不易磨灭的，倒是那时一道含蕴着光和热的金边。"

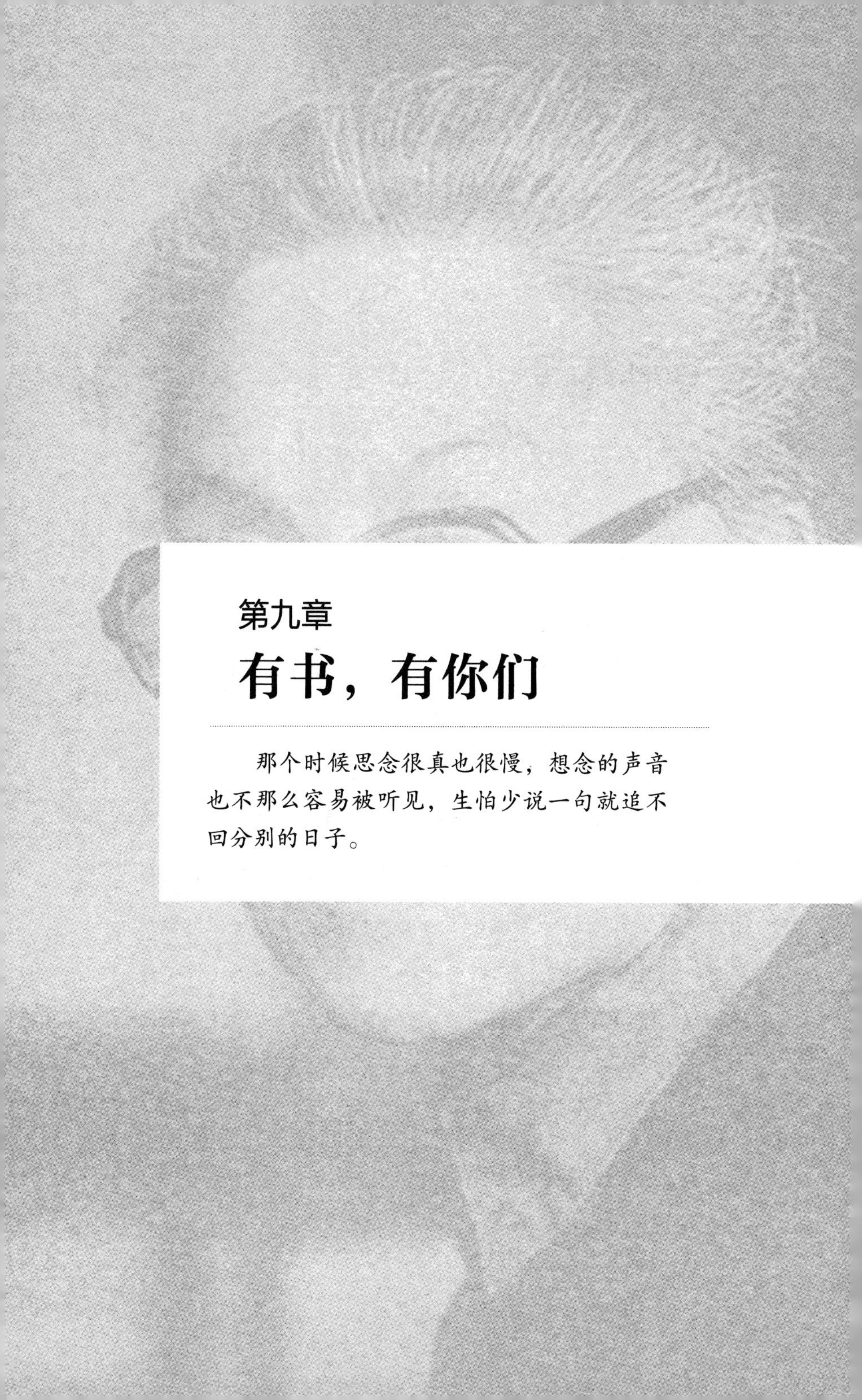

第九章

有书，有你们

那个时候思念很真也很慢，想念的声音也不那么容易被听见，生怕少说一句就追不回分别的日子。

意外的新居

时间是最残酷的机器，它可以把真心打磨到只剩下圈住指头的戒指，也可以将最痛苦的回忆绞碎成记忆里的尘埃，甚至可以把所有波澜拉长成一条平直的线。

杨绛与钱钟书搬到文学所的办公室后，最大的便利就是文学所的图书资料室就在楼前面，很好借书，满足了两个书虫最大的爱好。说起虫，他们的居室也受到虫鼠的欢迎，老鼠专门咬坏钱钟书的中文笔记，用纸屑来做窝，因为楼层低蚊虫也多，一到夏天更甚。但这并不影响钱钟书与杨绛的工作进度，钱钟书写完了《管锥编》初稿，其间还参与完成了《毛主席诗词》的英译工作。杨绛则重新翻译完了全部《堂·吉诃德》（八册）。

从在英国开始，家里的早餐一直都是钱钟书在做，他们搬入办公室后起初烧的是蜂窝煤，一次两个人因为烟筒被堵差点煤气中毒。后来蜂窝煤换成了煤气，钱钟书还是每日端来早餐，杨绛对此很惊讶，因为钱钟书并不会划火柴。他像个小孩一样向杨绛邀功说："我学会划火柴了！"对生活愚笨的钱钟书，在与杨绛相处的日子里，一直在尽心尽力地照顾杨绛，虽然都是小事，但心意诚笃。

爱情最重要的不是热情似火，而应该是深厚，深厚到承载得起诺言与相守。

杨绛与钱钟书在学部办公室住了两个年头，杨绛原以为他们会在这间办公室里终老了。她很珍惜与办公室周围邻居的感情，和睦的邻里关系让这间小屋从内到外都是温馨。杨绛搬进办公室后，每日主动打扫厕所三次，主动保护、收拾公共设施，周围邻居都对她印象很好。周围的孩子们也愿意去她家玩耍，要糖果吃。

到了第三个年头，也就是1977年，学部办公处的办事员给了杨绛一串钥匙，叫她坐学部的汽车，到三里河国务院新盖的宿舍去看房子，说如果有人问她就答，因为之前住在办公室。钱钟书有哮喘不能沾灰，杨绛和女儿去看了房子。立春那天，在外文所年轻人的帮助下，他们很快收拾好家当搬入新家，杨绛怕钱钟书又如同上次一般哮喘病复发，把他作为最后一件家当最后迁入新居。

新房有四间，最大的一间作为工作室兼客厅。临窗摆两张书桌，一横一竖，杨绛一张，钱钟书一张。钱钟书的要大一些，杨绛说，因为他名气大一些。其实只是因为钱钟书的东西多，《围城》全国热销，读者来信络绎不绝，钱钟书每一封信都要认真回。房子其余三间，钱杨夫妇一间，女儿一间，家里的阿姨一间。

对于这个房子的来历，杨绛与钱钟书自迁进新居，一直在“格物致知”——是何方贤人帮助配给的房子，可是任凭怎么“格”也不知道。

钱钟书的老领导即毛选英译委员会时的领导胡乔木，在共事时对钱并无好感，还不点名批评他身穿长袍，服装守旧。在钱钟书他们住在办公室的时候，胡乔木得知钱钟书有哮喘病还曾寄过治疗哮喘的药方给他，但他们因为不知道胡乔木的通讯地址所以并未致谢。钱钟书搬入新居后，胡乔木常来拜访，从不提房子的事情，只是一次偶然的夜谈，被家里阿姨的床堵在过道上，再次来访时就问他们：“房子够住了吗？”钱钟书方知这回的迁住新居，是他安排的。杨绛忙答：“始愿所不及”，且算是向他道谢了。其实阿姨的床原本在吃饭间，只是嫌晚上主人到吃饭间倒开水影响她休息，所以才把床挪出来，后来杨绛把暖瓶拿进卧室就没事了。

杨绛翻译完的《堂·吉诃德》由人民出版社出版，但是当时要求译者写序，外文所的领导要求由年轻人写，这事就耽搁了一年，直到杨绛去问出版社讨要手稿的时候，出版社才匆忙出版。新居离学部远了，借书对于杨绛与钱钟书也不方便了。不过好在还有热心朋友帮忙，他们热心为钱钟书借书，钱钟书对于书的版本有要求，如果借不到他要的版本，即便借了还得拿回去。当然借书的报酬就是多了钱钟书这位老师，外文所的年轻人遇到翻译困难向钱钟书请教，钱钟书都能解答清楚。当钱钟书有客人的时候，杨绛就出马讲解。钱钟书虽然风趣地说："你们总是来'剥削'我！"但每次都做出最确切的解答，有时还旁征博引，成段背诵中外书籍的相关论述，使他们大开眼界。

搬到新居后，杨绛看见楼下的老人在做大雁功，很羡慕，想去学，朋友就教她练，同事送她一本由八十岁老太太杨梅写的《大雁功》。杨绛学得很认真，练得汗流浃背，不久就完全学会了。钱钟书笑她学得卖力，她回答："我是为你学的，你也得好好学。"杨绛教钱钟书，钱钟书站在她背后，随着她的动作做，因为有人带学得快，他一边学一边淘气地说："monkey see，monkey do."对于长期伏案工作的杨绛和钱钟书来说，多一项运动，裨益良多。

1979年，钱钟书所写《管锥编》全部手稿，在胡乔木指示下，交中华书局用繁体字出版，并指定人员来编辑。钱钟书终于将偌大一份手稿递交出去，如释重负。同年8月，《管锥编》

出版，共四册。后几经增订，1994年12月，中华书局第四次印刷，同年《管锥编》获首届国家图书奖。

杨绛的《堂·吉诃德》定稿时，钱钟书的《管锥编》手稿也刚刚校订完毕，他提议和杨绛交换题签。杨绛笑他："我的字那么糟，不如你，你不怕吃亏吗？"钱钟书答："留个纪念，好玩儿。"自此两人的作品出版，都互相题签。看着是夫妻俩的游戏，实是两人在用自己的方式彼此铭记。

一家人的各奔东西

当拿到《堂·吉诃德》的样书时，杨绛激动万分。这本书从1956年接到任务，到真正付梓，前后历经二十年，这二十年风云变幻，手稿几经遗失，最后被找回重新翻译，实属不易。整部著作七十二万字，可以说是字字从心下笔。《堂·吉诃德》是“文革”结束后不久的文化产品，当时百废待兴，物料紧张，纸张粗劣，印刷装订也糟糕。不过即便是这样，此书一面世就成为畅销书，首印十万册很快销售一空，随即加印十万册也售完。

1978年，西班牙国王和王后访华的先遣队到达中国时，正好赶上北京书店门前排着长长的队伍购买刚出版的《堂·吉诃德》中译本的盛况，这给先遣队留下了深刻的印象。随后西班牙记者访问杨绛时谈起这件事，她风趣地说：“那位忠君爱民的堂·吉诃德先生特意先来一步，到北京迎接西班牙国王和王后的造访了。”

同年，杨绛参加了邓小平同志为西班牙国王和王后举行的国宴。邓小平同志将中译本《堂·吉诃德》作为国礼赠送给贵宾，并将翻译者杨绛介绍给西班牙国王和王后，行握手鞠躬礼。其间邓小平与杨绛握手，询问《堂·吉诃德》什么时候翻译的，杨绛来不及细说，只答是今年出版的。这一年对杨绛来说无异于一个新的开始，她还参加了第四次全国妇女代表大会。之前从英译的《小癞子》，在杨绛自学西班牙语后又根据西班牙原文重新翻译。翻译工作告一段落后，杨绛重新捡起小说创作，先后创作了《大笑话》《玉人》《鬼》等多篇小说。这段时间钱瑗在英国留学，钱钟书在信中跟女儿开玩笑说：“得信，知又大作论文，盖与汝母之大作小说，皆肚里有货之证；若我则搜索枯肠，不成片段，德谚嘲空腹所谓‘既无臭屎，亦无孩子’。”

邓小平同志提出改革开放，国门打开后，杨绛随中国社会科学院代表团对法国进行了访问。在游览法国名胜古迹和图书馆、博物馆途中，有些地方法国导游的翻译讲不清楚，都由杨绛来进行翻译讲解，来龙去脉都讲得清楚，语言又生动，很吸引人。例如罗浮宫顶上有披挂武士用长矛截住毒龙的头，杨绛说出来由：这是英国的保护神圣乔治，因为他杀了毒龙，救了英国公主。因为杨绛是翻译家出身，工作过程中常需要查阅各种资料文献，因此知识面广，参观酿酒厂的时候，杨绛能讲出酿酒的过程，同行的代表称赞她："杨先生是我们的骄傲！"

《堂·吉诃德》出版后，引起西班牙的重视，当时有三任驻华大使邀请杨绛出访西班牙，杨绛一直以自己不善西班牙语口语而拒绝出访，直到第三次，杨绛说："赖不掉了。"钱钟书打趣她，三个大使才请得动。

1983年，杨绛随中国社会科学院代表团出访西班牙，这次不光是游览参观，还是带着翻译《堂·吉诃德》时遇见的问题去的。《堂·吉诃德》里有位托斯达多，杨绛翻译时考证他为阿拉维主教，据说是位多产作家，可是托斯达多是绰号，杨绛当时翻译为"焦黄脸儿"，至于他为什么有这个绰号，杨绛无从考证。

杨绛在西班牙用早餐时，看见烤得干脆焦黄的面包干，包装纸上印有Pan tostado字样，她想"焦黄脸儿"大概就是这种颜色，可西班牙人的肤色大都是白的，不是焦黄色啊。游览托雷多古城，参观大教堂时听到导游说，托斯达多的著作摞起来和他本人一样高，于是"托斯达多"这个绰号就用来形容高产、著作等身的作家，又说这位主教有吉普赛人血统，面色焦黄，所以绰号"焦黄脸儿"。杨绛弄清楚了"焦黄脸儿"的来由别提多高兴了。

由于《堂·吉诃德》的翻译成就，1982年4月，在塞万提斯逝世三百六十六年的纪念会上，西班牙大使点名请杨绛发言。杨绛的发言充满了幽默却又不失学者的雅致。

> 我今天有幸，能来参加塞万提斯逝世三百六十六周年纪念会。我忍不住要学桑丘·潘沙的样儿说一句成语。我们中国人有句老话："天上一日，人间一年"——就是说，天上的日子愉快，一眨眼就是一天，而人世艰苦，日子不那么好过。我们一年有三百六十五天或三百六十六天。塞万提斯离开我们人世，已三百六十六年，可是他在天上只过了三百六十六天，恰好整整一年。今天可以算是他逝世的"一周年"。我们今年今日纪念他，最恰当不过。

为表彰杨绛翻译西班牙名著《堂·吉诃德》和《小癞子》对于西班牙文化传播的贡献，1986年，西班牙驻华大使代表国王胡安·卡洛斯一世和西班牙政府，授予杨绛"智慧国王阿方索十世大十字勋章"。

全国改革开放后，杨绛一家格外忙碌，行程渐多。钱瑗与钱钟书先后出国，钱瑗出国读书，钱钟书随代表团去意大利参加会议。

钱瑗读书深得父母影响，嗜书、好学，读得快、记得牢。

在英国读书时不求学位，只为学到更多东西。当时系里的教授问她是否想读学位，钱瑗说只想多选点自己需要的和喜欢的课程。教授起初以为钱瑗是怕辛苦，后来称赞她有胆量、有自信、肯努力，虽然未取得学位，收获却远胜于求得一个学位。

钱钟书出席研究中国协会会议时，用流利的英语回顾了中意两国文化交往的历史，展望中国和欧洲文化交往的前景。这是十年浩劫后，中国学者首次在欧洲学术论坛上亮相，演讲后，钱钟书回答各国学者提问，记者用汉语问，钱钟书用外语答，坦诚幽默，妙语连珠，机灵深刻，欧洲各国的文学典故、民间谚语信口道来，引得一片惊叹。当时法国《世界报》报道，“听着这位才气横溢、充满感情的人的讲话，人们有这样的感觉，在整个文化被剥夺的十年后，思想的世界又开始复苏了。”同行的历史学家激动万分地慨叹道：“真正感受到，钱先生确实是中国文化的光荣。”德国汉学家说：“和钱先生的相遇，对我来说，是一个转折点。他给我打开了通向中国文化之门。认识钱先生，我突然发现，我以前想象中的中国是不完整的，只是一个小局部。于是我决定和我的中国朋友史仁仲翻译《围城》，这项工作为我大大开阔了眼界。”

一家三口，各奔东西。钱钟书出国访问时，从不往家里寄信，而是写一个小本又一个小本的长信，对杨绛诉说所见所闻和浓浓的思念，很详尽。这信不需要邮寄，要亲自带回当面交与。杨绛出访时，也同钱钟书一样带一小本，记的是准备讲给钱钟书听的事，有她看见的景物，也有她听到的故事。假设钱钟书在家，而杨绛出访，钱钟书每天在家也写家中琐事，称为“备忘而代笔谭”的日记，留待杨绛回家来看，女儿阿瑗不时也插上几句评语。对于女儿，钱钟书则是发明信片，当时钱钟书与费孝通一同出国，费孝通一直纳闷他为何不给杨绛写信只给女儿写信，还特地送他邮票。谁曾知道，对钱钟书来说对杨绛要说的太多太多，哪是几封信就能说完的呢。

那个时候思念很真也很慢，想念的声音也不那么容易被听见，生怕少说一句就追不回分别的日子。

将彼此铭记

1980年，阿瑗留学归来，三人重聚。自此钱钟书再未出国，杨绛也一样。钱钟书后来被胡乔木邀请担任中国社会科学院副院长一职，钱钟书一向视仕途为畏途。胡乔木劝说他：“一不要你坐班，二不要你画圈，三不要你开会。”钱钟书无话可说，只能“蒙命承乏”。杨绛笑他：“这番捉将官里去也。”钱钟书担任社科院副院长一职，低调行事，束修自好，深自敛抑。他努力做好分内之事，并不要办公室，不要秘书，汽车也只是去医院看病时才坐。杨绛跟钱钟书一样，绝不出头。杨绛初入文学所时一直低调行事，下乡学习时能跟农民打成一片，被老干部们看成“家庭妇女”，她当时得意地说：“我在上层是个零，和下层关系亲密。”20世纪80年代的杨绛，已然不是零，但她仍甘愿做个零。

记忆对于文学创作而言，是丰富的土壤，杨绛下干校的经历在一切春暖花开之后成了她重要的创作源泉。杨绛先生回顾她的创作历史时说："我没有满意的作品。较好的是《干校六记》和《洗澡》。"

干校的生活对于杨绛来说是艰辛的，但同时也是细致观察生活的好机会，从干校回来后杨绛感慨良多，想写些干校的事情。《干校六记》是从干校回来八年后才写的，缘由是读了《浮生六记》，这才决心落笔。《浮生六记》写的都是小事，以小见大，因而杨绛无论从题目立意或是标题都与《浮生六记》一般。杨绛用了很多心思写成这部《干校六记》，自信这部作品会超越她以前的作品。在动笔前她跟钱钟书说要写这样一部书，钱钟书泼冷水地说："写什么《六记》！"杨绛不管他说什么，照写不误，写好后拿给他看，钱钟书什么也没说，默默为杨绛写了一篇"小引"。这对于钱钟书来说已是对此事的极大褒奖。

《干校六记》在大陆不好出版，当时便先从香港广角镜出版社出版。出版后被胡乔木同志看见，他觉得这本书大陆应该出。胡乔木还对钱钟书说了自己的十六字评语："怨而不怒，哀而不伤，缠绵悱恻，句句真话。"书出版后，虽然只放在书店最下面一层，但是一经出版便洛阳纸贵，好评如潮，在国内外引起强烈反响。

《洗澡》是杨绛的第一部长篇小说，于1987年定稿。杨绛先生说："《洗澡》是我的试作，我想试试自己能不能写小说。"

不知是不是钱钟书写《围城》时夫妻二人形成了默契，一人写一人读的缘故，杨绛写《洗澡》的时候也是每写完一章就拿给钱钟书读，钱钟书读完《游山》一章对杨绛说："你能写小说。你能无中生有。"

《洗澡》并不像是传统的长篇小说，具有完整的故事脉络，不只是写那个大时代背景下的若干人物。

《洗澡》分为三个部分，每部若干章。前两部是铺垫和前奏，第三部是"洗澡"。小说语言活泼自然，笔调轻快，语言纯洁度高，用语流畅，使人读起来不禁心中惬意畅快。

杨绛写完《洗澡》，女儿阿瑗看了说："妈妈这本书走入禁区了，党从未认为思想改造是错。"但杨绛说："我也并未以为知识分子不需改造思想。人是an alloy of base metals（基础金属合金），人人需要洗练，但这是个人的觉悟，政治运动无补于事。"

《洗澡》先由香港三联书店出版，同年北京三联书店出版，出版后，海内外评论很多，赞誉不断。很多人认为《洗澡》是《围城》的姐妹篇，其实不然，一用语温润，一尖刻讽刺；一对话描述为主，一议论为主。

暮年病体，殷殷相扶

一转眼，钱钟书与杨绛都到了暮年，两人身体本就弱，到了暮年更是易病。杨绛开玩笑说，他们已经是“红木家具”，只徒有其表，实则一碰就散，挪动不了。

钱钟书体质弱，同时还患有哮喘，夏天还好，一旦到了冬天，稍不注意着凉感冒就容易引发哮喘，杨绛总是对钱钟书小心照顾，可仍难以避免。

一次，一位美国客人带着感冒尚未痊愈的儿子上门做客，客人走后钱钟书与杨绛就都感冒了。钱钟书一感冒咳嗽就引发哮喘，去医院看医生，杨绛请认识的护士教她打针，她就在家给钱钟书打针。钱钟书对于杨绛的照顾心里感谢，每次杨绛给他打完针他都要说谢谢。对于钱钟书而言杨绛是万能的，是家里的定心丸。家里的灯管坏了，年近七十的杨绛搬来凳子爬高接好灯管，对此钱钟书佩服得五体投地。

家里人的毛衣毛裤都是杨绛一针一针织出来的，钱钟书是嗣出，没有慈母，杨绛待他慈母的成分多一些，钱钟书因此更加离不开杨绛了。

感冒好后，第二年春天，钱钟书入院体检被查出得了膀胱癌，需要动手术，手术风险大，医院再三会诊决定动手术。杨绛自钱钟书入院就陪在左右，手术进行了六个小时，切除了肿瘤和一只不堪重负的肾，杨绛和女儿在手术室门口等了六个小时。当看见一队医生推着小床出来时，赶忙上前感谢医生："累您站了六个小时。"

为了照顾钱钟书，杨绛在医院日夜陪护，钱钟书心疼杨绛，看她日夜守着自己，越来越憔悴，就让她找人来替，可杨绛不放心，坚持自己照顾。得益于悉心的照料，钱钟书很快病愈出院，回到家里身体比之前好了不少。杨绛的身体向来比钱钟书好，可是她回到家后就因为劳累病倒了，胃痛加上心脏病每天晕乎乎的，走路都得扶墙走。后来杨绛去看医生，医生说："你的病不好，钱钟书的病也不会好。"医生给杨绛开了药，她与钱钟书一起服用中药调理。两人同煎药，同服药，服药后相伴散步，散步的时候杨绛身体还是病弱，需要钱钟书挽着她，若是有汽车通过，杨绛就随风欲倒，得扶住钱钟书。钱钟书那时在修订自己的《槐聚诗存》，他让杨绛帮他修改，杨绛改了七个字，他又改了一个字，杨绛称他为"一字师"，而后杨绛帮他抄诗，无奈身体虚弱，抄错很多字，便让钱钟书自己校对，但是钱钟书直到印成书才发现错误。杨绛自己书法拙劣，抄了一遍，又要重新抄，钱钟书不忍，硬说很好，不让她再抄。《槐聚诗存》选定又抄完后，钱钟书很高兴，拉着杨绛的手，感激道："你是最贤的妻，最才的女！"钱钟书当时自我感觉身体良好，一日便对杨绛说："咱们就这样再同过十年。"杨绛没那么多奢望，说："你好贪心啊！我不求十年，三年、五年就知足了。"听了杨绛的话，钱钟书深感忧虑，默不作声自己到客厅休息去了。对此，杨绛很后悔，她就多说了那么一句，钱钟书就走到了她的前面。

其实钱钟书说这话的时候，杨绛身体很虚弱，她生怕自己不能陪钱钟书太久了，钱钟书也从未见过杨绛这么病弱，因此愁苦不堪，担心极了。杨绛是他的精神支柱，也是一家人的精神支柱，她不能倒下。这些年一家人的风风雨雨都是杨绛这位主舵手带着他们过来的，钱钟书想，杨绛一定是累病了。

前些年，钱钟书下干校，杨绛彻夜给他准备行囊，衣服是反复加厚生怕他着凉生病。夫妻俩因为恶邻躲到阿瑗的宿舍时，杨绛几下就把小屋子收拾干净整齐，可供坐息。钱钟书的《管锥编》的笔记落在旧房子，灰尘堆积，杂物繁多，因为哮喘杨绛不让他去，自己去旧屋找笔记，找了整整两天，收拾了五麻袋笔记带回来，自己却饱食尘土，两天没有吃饭。住在办公室时，烧煤烟筒堵住，两人煤气中毒，杨绛服了安眠药，闻到煤气味道却醒不过来，钱钟书试图去开窗时从床上跌下来，杨绛才惊醒，赶紧穿衣起来，打开窗户，把钱钟书扶上床，给他裹上棉衣又用围巾把他围严实，生怕他着凉。两个人就这样挤坐一起静候天亮，钱钟书说不出话来，紧紧握着杨绛的手，表示自己还好，让杨绛放心。

若是没有杨绛，钱钟书不敢去想自己一个人能否度过这么些年。

杨绛与钱钟书先后病倒，女儿阿瑗就成了全家最辛苦的人。自从爸爸病了她就搬回家里住，只有周末才去婆婆家。阿瑗每日回家，给家里买菜和日用品，同时给爸妈说说外面的新闻，让他们开心一些。她在家里还研究菜谱，时不时做几样新鲜菜，让爸妈尝鲜。钱钟书能吃一些，杨绛却没胃口，偶尔尝两口，阿瑗就高兴得不得了，连忙说："谢谢妈妈，谢谢爸爸。"

杨绛翻阅旧日记，看见这一年的自己写："6月25日，我午后睡得一觉，钟书喜极而泣。""8月7日，午后睡着，钟书喜极，谢谢我。甚感其意。"

阿瑗的谢谢与钱钟书的谢谢意思相同，不过是谢谢杨绛身体能好一些，杨绛身体好一些对于他们来说是天大的喜事，自然要谢谢杨绛。

这一路，风风雨雨，跌跌撞撞，他乡异国，相扶相守，早已爱对方多过爱自己。直到那一刻，从我想要你懂我，到最后我想要你不懂我，只因怕你担心太多，付出太多。

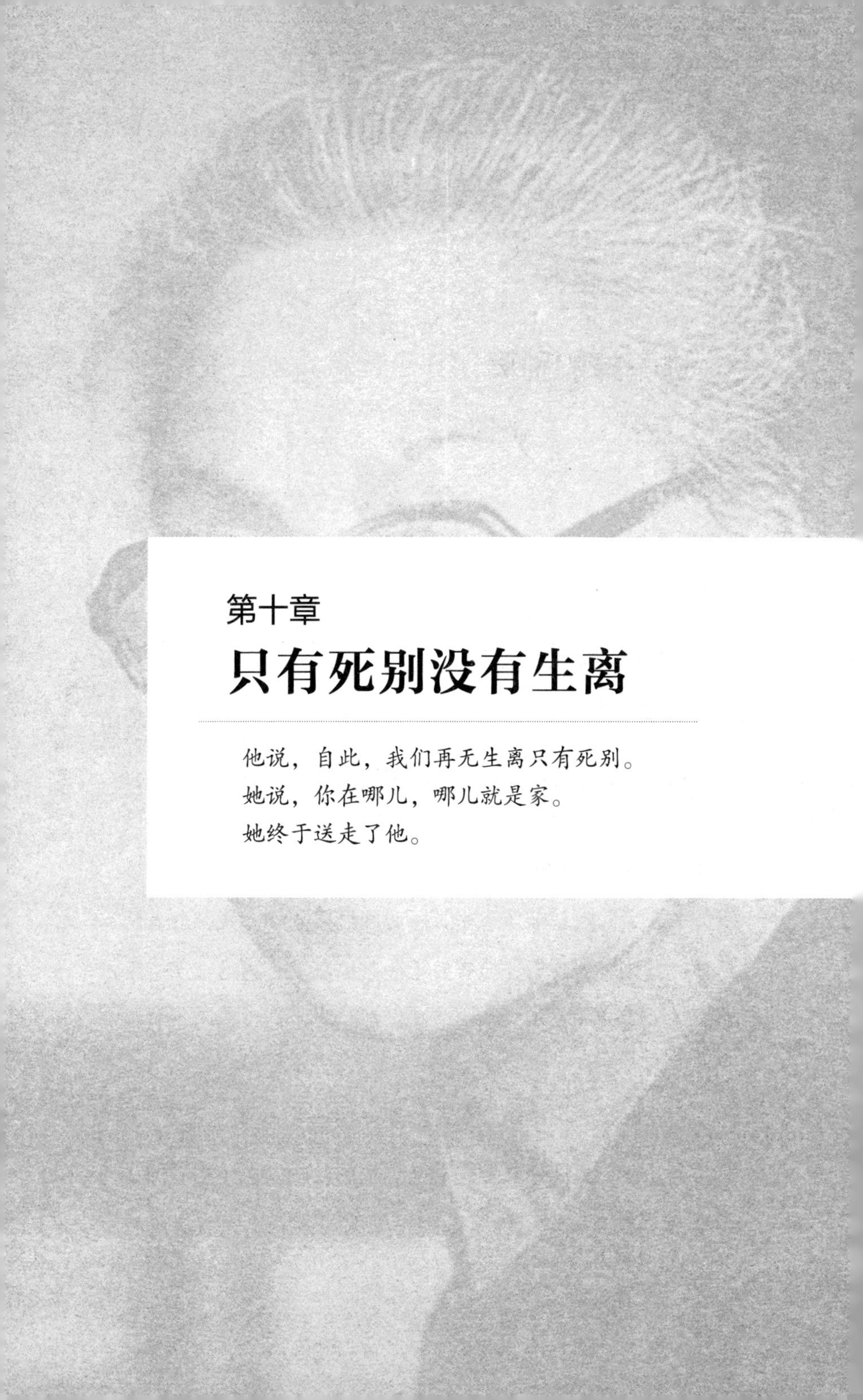

第十章

只有死别没有生离

他说，自此，我们再无生离只有死别。

她说，你在哪儿，哪儿就是家。

她终于送走了他。

逃不掉的别离

如果离别让人难以接受，那么就把离别换成等待吧。毕竟人这一生用来等待的时间占了大多数，我们等待相遇，等待相守，等待分开，等待忘记，还有些人用一辈子等待离开，再用下一辈子等待再次相遇。

1994年钱钟书再次入院，那天正好是杨绛阴历的生日，临睡前钱钟书发高烧，杨绛通知司机将钱钟书送往医院急诊，钱钟书去了医院就被留下来，阿瑗回家取衣物。钱钟书入院本是肺炎发烧，治疗后经检查发现膀胱癌复发，再次被送进手术室，手术进行四个小时，很成功。但是手术后仅剩的一只肾突然罢工引发急性肾衰竭，医院奋力抢救，十多天后病情平稳。因为重病及年老的缘故，钱钟书牙床萎缩，不能戴假牙，丧失了咀嚼功能，只能用鼻饲，起初鼻饲的食物是医院提供的，但是杨绛不放心，自己尝了医院提供的匀浆，里面有猪肝和豆粉，猪肝和豆粉都是钱钟书不宜吃的，于是杨绛就向医院申请自己来准备匀浆。为了让钱钟书营养跟上，杨绛准备的匀浆很精细，是将鸡、鱼、虾、土豆、蔬菜用打碎机制成泥，加上骨头汤。

准备匀浆很麻烦，这可忙坏了阿瑗，她负责准备匀浆而杨绛则在医院里照看钱钟书。杨绛原本身体未完全康复，在医院陪护两个月，日渐透支，感觉撑不住了，一直在生病的边缘，医生也看出来了，命她回家休息。幸亏杨绛在医院觅到一名细心能干的护工，日夜服侍病人，喂食、吸痰、翻身、擦洗等。如此杨绛终于可以放心，钱钟书也可以少遭罪，这算是病灾面前的幸运。

杨绛回家后，每天上午到医院看望钱钟书，下午在家做鼻饲匀浆。家里备了两台打碎机，轮流工作，对于做鼻饲匀浆，杨绛比任何人都要仔细，鸡胸肉要剔得一根筋都没有，鱼肉更是不能带一根刺，炖骨头汤一炖就是好几个小时，有时杨绛体力不支，请人帮忙来做匀浆，其余都可代做，只有鱼肉的匀浆杨绛一定要自己做，她挑拣出每一根刺，鼻饲的管子细，一旦堵塞，鼻饲的机器就不能运作了。她在这烦琐的食物的准备中倾注了全部心力，只愿自己的一份薄力能多留钱钟书一些时光，事实也不负杨绛的辛劳，钱钟书入院病情严重，体质虚弱，而生命却能维持至四年以上，杨绛功不可没。

杨绛不仅要准备鼻饲的匀浆，若是护工请假，杨绛不放心他人只能自己顶上去。钱钟书看见杨绛留下陪他过夜心里特别高兴，笑了。可是杨绛却笑不出来。钱钟书夜里睡觉不老实，她担心钱钟书一不小心把身上的管子拔了去，鼻饲管拔了容易，导尿管若是拔了是要出血的。杨绛为了防止他拔管子，一夜都得看着，压着他的手，还得防止他掀被子，一夜过去，杨绛累得瘫软在椅子上，早晨医护人员进来查房，忙不迭先抢救杨绛。

阿瑗工作忙，不能跟妈妈每天去看望爸爸，每周去一两次，跟爸爸聊天。她常比妈妈早走，忙着回家备课。阿瑗一般比妈妈早走一个小时，如果提前几分钟，钱钟书必生气说："没到时间呢！"再过几分钟，即唤阿瑗说："走吧。"钱钟书不看表，但知道时间，一点没差错，所以钱瑗称爸爸"灵童"。钱瑗那时已经是主管专业教学的系副主任，不仅自己要备课，还要帮助其余教师拟定教学大纲。钱钟书的病越发严重，到了后期已无力说话，但女儿始终是他的心中宝。阿瑗来陪爸爸坐坐，聊聊天，哪怕他已经到了只能听的地步仍旧很高兴。

钱瑗也想多陪陪爸爸，只是她太忙了，时间都要靠挤出来。她是尽心尽职的教师，是学科的带头人，还是主管教学的副主任；在家里她是孝顺的女儿，还是贤惠的儿媳妇，温柔体贴的妻子，对于朋友还是知心好友。钱瑗的性格要强，凡事追求完美，每件事要做到最好，所以比起别人她需要有更多的时间投入。

钱瑗从英国留学回来后，就在北师大开设了英语文体学课程，把当时国内还很陌生的文体学展示给学生，她编写的讲义成为国内这类教材中的首选，她还受国家教委之托编写了《高校英语专业文体学教学大纲》，供各高校执行参考。

钱瑗还乐于分享自己的知识和研究成果，对自己的作品没有保留，其他教师向她请教的问题，她都一一解答，还把自己的讲义、参考书目送给他们。钱瑗编写的《实用英语文体学》是公认的优秀教材，在优秀教材评选过程中，差一票满票，朋友们断定那少了的一票肯定是钱瑗自己的。

钱瑗的努力与成长让爸爸妈妈欣慰，但也让他们担心。阿瑗实在是太忙太累了，每天不仅仅是早出晚归，有时候急得忘了吃早饭，穿着不同的鞋子去赶公交。回到家里电话也多，接打电话就是几十分钟，夜里还得备课到深夜，每月每年出差也多，出去的时间合计至少两个月。杨绛心疼地问女儿："能不能偷一点儿懒？"阿瑗摇头笑笑。

钱瑗对于事业的付出要大于对于家庭的付出。两次去英国进修和访问，她用自己节约下来的生活费买了大批国内没有的教学参考书送给北师大外语系。她还帮着系里面搜集影像及各种录音资料。可自己有时科研时要用，还借不到。对于家里，她只给妈妈买了个厨房用的计时器，给爸爸买了只煤气点火器。

也许是因为太过辛劳，1995年，阿瑗开始咳嗽，起初以为是感冒着凉没有注意，为了节约时间只是去校医那儿看了，开了些药，可是吃了药并不管用，咳嗽的情况越来越重，阿瑗为了不耽误工作一边上课，一边喝止咳糖浆。入秋后，阿瑗的咳嗽越发严重，腰疼也找上门来，有时疼得弯不下腰去捡东西，只能蹲下来。晚上洗脚也不能弯腰擦脚，只能用一根棍子挑着毛巾擦脚。但这事阿瑗没有告诉妈妈，这家里妈妈的负担已经太重，她心疼妈妈。咳嗽时只是告诉杨绛感冒风寒，腰疼时说挤公交车时闪了腰。直到一天早晨，阿瑗腰疼得起不了床，只好叫妈妈，妈妈没力气，让家里的阿姨抱她去医院。在解放军医院照X光片，腰椎有阴影，又去了北医三院做核磁共振，发现肺部也有阴影，需入院治疗。

阿瑗住院是家里的司机和自己的一个博士生送去的，临走前阿瑗对妈妈说："妈妈等着我，我很快就回来。"当时家里有客，阿瑗还对客人说："阿姨，以后常过来看看我妈妈啊！"

谁知这家常般的承诺却成了临走前最美好的期愿。

阿瑗入院后经过检查，发现她的腰椎骨已被结核菌严重破坏，入院即完全卧床，从此再没有起来，生活全靠护工帮助料理。护工是农村来的实诚人，她起先称呼钱瑗为“大姐”，后改称“钱教授”，在钱瑗的坚持下改称为“钱瑗”。护工照顾钱瑗尽心尽力，钱瑗也待她很好，订饭时帮护工也订一份，还给她买了雨伞和防滑拖鞋。

钱瑗卧床虽然不能再如从前那般到处跑，可仍旧没闲着，她继续指导博士生的课题，为学生修改论文，还撰写杂志的约稿。除却这些工作，钱瑗还想把她跟爸爸妈妈的往事都写出来，不过躺着写字很困难，由护工帮忙扶住纸板，写写手就酸痛，只能作罢。

钱瑗住院以来，学校的同事、学生都来看望她，屋子里鲜花水果不断，阿瑗与来客谈笑风生，兴致很高，从来不提自己的病痛；对于妈妈也是一样，报喜不报忧，母女俩每晚通电话，称作“拉指头”，因为不能见面手拉手般亲密，只能夜里打电话拉拉手指头。

钱瑗住院两个多月，病情不好反而急转直下，经过医生会诊被诊断为肺癌晚期，并告知剩下的时间不多了。这个残酷的事实来得太突然，医生并未告诉阿瑗，只告诉了她的丈夫，对于杨绛也是隐瞒的，她一个人背负着两个病人太辛劳了。

医生对钱瑗谎称只是得了骨结核，很严重，需要长期治疗。但随即而来的病情恶化和化疗的掉头发，身体迅速消瘦，她怎么能不知道自己得的什么病？可她仍旧乐观如杨绛的性格一般，当头发掉光她戴着小白帽时，自己开玩笑地说："我现在是尼姑了！"朋友安慰她说："还是个很漂亮的尼姑呢！"

钱瑗以前有个喜欢并也相知的学生叶坦在美国教书，得知钱瑗生病，常打来电话问候，他发现老师说话的声音越来越虚弱，身体越来越糟糕，就在电话里问老师，美国有什么药可以治疗她的病？阿瑗强笑着说："叶坦呐，你还不知道，有的病，药是治不好的。"大洋彼岸，电话那头再也抑制不住悲痛的哭声。

钱瑗的病一直瞒着杨绛，因为妈妈负荷已重，只说得了非常严重的骨结核，杨绛代阿瑗瞒住钱钟书，只说阿瑗住院，得了骨结核，治疗一年或几个月就好了。钱钟书说："坏事变好事，从此可卸下校方重担了。此后也有理由可推托不干了。"

钱瑗生病后不让杨绛去看她，说自己讲话乏力，见了妈妈说不了几句话就睡着了。有时答应了妈妈去看她，临了又说有事推托。每晚电话里跟妈妈说说笑笑，讲有趣的事情，电话里也请妈妈把话转给爸爸，杨绛全部都转达。杨绛去看她，见她一次不如一次，头发也掉光了，阿瑗还是坚持说："只是得了非常厉害的骨结核。"杨绛去的时候，阿瑗病房里常有朋友，总没机会两人独处。

阿瑗不让妈妈去看她，实在是怕妈妈见了自己如今这副病痛的模样心里难受。她因为肺癌晚期，吸氧机不能离开，腰椎的问题使她不能翻身只能平躺，背上生了褥疮。肠胃不能蠕动，消化功能丧失，每日只能靠输液汲养，可输液的静脉已经扎烂，只能在肩胛骨下开了个输液的小口。

1996年冬，医院发出钱瑗的病危通知书，让准备后事。杨绛去看阿瑗，钱钟书忽然在背后大喊七八声“阿瑗”，然后对杨绛说：“让司机小王送阿瑗回去。”杨绛问：“回三里河？”钱钟书摇头。又问：“西石槽？”钱钟书答：“让她回家里去。”

阿瑗日渐虚弱，最后几通电话跟杨绛说：“娘，你从前有个女儿，现在她没用了。”杨绛听了，心如刀绞。杨绛与阿瑗告别时拉着她的手说：“安心睡觉，我和爸爸都祝你睡好。”

阿瑗生前要求不留骨灰，北师大的师生舍不得阿瑗，将她的骨灰带回校园，埋在文史楼西侧她每天走过的一棵雪松树下。阿瑗去世百日之后，杨绛自己到树旁坐坐，可是树旁没有阿瑗，杨绛只觉“从此老母断肠处，明月下，长青树”。

阿瑗走后，杨绛的一大难题是如何跟钱钟书说，她怕真相对钱钟书打击太大，原本就病弱的钱钟书恐不能承受。杨绛瞒了钱钟书很久，最后一点一滴慢慢告诉钱钟书。

阿瑗现在没病了。

她不咳嗽了，没痰了。

她不疼了，能睡安稳了。

她去了。

钱钟书其实从杨绛说出第一句话就知道了，但是到了说出阿瑗去了的时候，钱钟书虽不说话，手却紧握着杨绛，手心发烫。但他也从此安心了。他知道之前阿瑗有多痛，现在她比爸爸舒服多了，他安心了。

杨绛先生说："钱钟书病重，我只求比他多活一年。照顾人，男不如女。我尽力保养自己，争求'夫在先，妻在后'。错了次序就糟糕了。"

她是如此承诺钱钟书，也是如此做到的。

钱钟书生前曾向杨绛交代，他死后不留骨灰，不设灵堂，不举行告别仪式，不开追悼会。1998年末，医生感到钱钟书情况不好，病危在即，连忙通知家属。杨绛赶到床前，钱钟书等不及，自己合了眼，一眼没合好，杨绛伸手轻拂帮他闭眼，她伸手握住钱钟书的手，他的手还是温热的，她轻轻在他耳边说："你放心，有我呐！"

杨绛目送医生们把钱钟书送出病房，她收拾了遗留的东西，离开这间钱钟书住了一千六百日夜的311病房，她不忍再回头看一眼，这里又是她的一处断肠处。

当晚，杨绛接到总书记的电话，对钱钟书的去世表示哀悼，请杨绛先生节哀保重，然后说："杨绛同志，你们是真正的唯物主义者。中央同意不举行仪式。"

钱钟书被送往八宝山进行火化，告别仪式只有少数亲友参加，钱钟书穿上了杨绛先生亲手织的毛衣毛裤，还有一条阿瑗为爸爸做的裤子。杨绛一直陪送到焚化炉前，久久不愿离开，杨绛怎忍心让他一个人走呢？遵照钱钟书的遗愿，骨灰没有拿回，随众人骨灰一起深埋于北京荒野大地之中。

她与他儿时相遇，未见一面，却埋下了后半生相伴的种子。

她与他清华园中相识相爱，以书做伴，雅趣共通，此生难再找到第二个替代。

她与他国外游学，异国他乡，彼此扶持，结出爱的果实。

她与他共经磨难，相思相念，相守相望，走出黑暗，迎接曙光。

他说，自此，我们再无生离只有死别。

她说，你在哪儿，哪儿就是家。

她终于送走了他。

钱钟书从去世到火化，全过程不到三天。后事处理之迅速麻利，对于文化界的名人而言实属少见，这也避免了媒体追寻和惊动更多的人，杨绛懂钱钟书，如此办事果断，遂了他的愿。

钱钟书去世后，海内外各种团体、个人吊唁的电报、电话、信件不断。法国总统希拉克发来亲笔唁函，英国文化大臣亦发来唁函，海内外报刊、网站纷纷刊登悼念文章，寄托哀思，送行钱钟书。在钱钟书寄心一生的清华园，清华学子在主干道两旁的树干上挂满了一串串长长的白色千纸鹤，在凛冽的寒风中飞舞，清华学子用自己的方式悼念钱钟书先生。杨绛知道后，不禁落泪。

寻觅归途

往日充满温馨与亲情的三里河寓所，在杨绛回来后，冷冷清清，耳边少了钱钟书与阿瑗嬉闹的声音，眼前少了熟悉而温暖的笑容，这已不是“我们的家”，对于杨绛而言这只是人生的客栈，杨绛说：“家在哪里，我不知道。我还在寻觅归途。”

阿瑗与钱钟书的离去，对于杨绛而言，不仅仅是亲人的缺失，更是自己生命一部分的消失。唯一的办法只能是逃，阿瑗逃走了，杨绛没能抓住她，钱钟书恋恋不舍，不想逃，可终还是被病魔捉了去。

杨绛也想逃，可她不能逃。

她说：“钟书逃走了，我也想逃走，但是逃到哪里去呢？我压根儿不能逃，得留在人世间，打扫现场，尽我应尽的责任。”

钱钟书离开留下了太多的手稿、读书笔记、收藏的文物，全家的东西都得她来处理呢。杨绛想永久保存钱钟书留下的手稿，她想，只有出版印刷成书才可以。钱钟书留下的手稿很多字迹已经模糊，杨绛凭借着自己与钱钟书朝夕共处的经验一点点揣测，将笔记复原。可是因为数量实在太多，杨绛忙得喘不过气，她常常失眠，怕辜负了钱钟书。

经过杨绛先生的努力，共整理出钱钟书留下的外文笔记一百七十八册，总计三万四千页；中文笔记三万多页；日记二十三册，两千多页，加起来共有四十多卷。当一切复原，整理成册，《钱钟书手稿集》出版，杨绛依照原先夫妻二人的约定，亲自为该书题了书名。

对于这份辛劳，杨绛如是说："钱钟书六十年前曾对我说：他志气不大，但愿竭毕生精力，做做学问。六十年来，他就写了几本书。本集收集了他的主要作品。凭他自己说的'志气不大'，《钱钟书集》只能是菲薄的贡献。我希望他毕生的虚心和努力，能得到尊重。"

对于亲人的离开，杨绛只能逃，逃到书本里去。家里的藏书不多，几柜子的书大部分都是钱钟书的藏书，杨绛希望从这些藏书中找到可以安慰她的书，可以指导她的书，尤其是要找到一本可以逃避悲伤的书，把自己忘掉。

如果一定要找一本书解释人世间的悲欢离合，那么应该就是哲学书了。杨绛读了《柏拉图对话录》，从中选择了《斐多篇》，反复读了很多遍。柏拉图的《斐多篇》写的是苏格拉底就义当天，在雅典监狱与门徒们的对话，谈论生死，谈论死亡的意义。他说："真正地追求哲学，无非是学习生死，学习处于死的状态。"所谓死，就是指灵魂不再依附于肉体而得到了永生。

人世间，除了生死并无大事。悟道生死，也就从人间悲苦中脱离而出。杨绛决定翻译《斐多篇》，她并不认识古希腊文，哲学也并不懂，可她必须试图做一件力所不能及的事情，投入全部心神而忘掉自己。杨绛翻译的《斐多篇》一经出版很快脱销，评论认为杨绛先生的译文充分还原了该书的文学与哲学价值。朋友们都争相去买这本书，读了以后发现杨绛先生的译文一如从前般精湛，知道她没有被连续失去亲人的悲痛击倒，深感欣慰。

钱钟书与杨绛的作品很受市场的欢迎，两人的收入比之前多了不少，早在钱钟书在世时两人就商议在清华设立一个奖学金。清华对于他们一家人都是重要的，杨绛与钱钟书相遇相爱在清华，清华也是他们梦之起航的地方，对于钱瑗，清华是她童年最大的乐园。当钱钟书的作品逐一安排妥当，杨绛与清华校方联系抓紧落实这个心愿，奖学金名叫"好读书奖学金"，用以帮助那些好读书的寒门学子顺利完成学业，报答社会。钱钟书与杨绛的生活秉持够用就好的态度，只是买书方面从不吝啬，两人都是教授级别的人物，工资应对生活尚可，却把一字一句辛苦创作翻译的报酬全部捐了出来，奖学金基金在清华众多的奖学金中不算高，但这是钱杨二人的精神传承，更是一种博大的人文关怀。

杨绛思念女儿又写了《我们仨》。杨绛知钱瑗时日无多时，跟钱钟书说："我要写一个女儿，叫她陪着我。"《我们仨》主要写一家三口相处的往日时光，着重写钱瑗，杨绛通过纸笔穿越时空，跨过生死，再一次与钱钟书和阿瑗团聚，杨绛停笔恍然回神时，发现物是人非，难免掉泪。

有些人的文字是在用脑袋写，有些人的文字是用心在写，有些人的文字是用情在写，杨绛先生写的《我们仨》，情感充沛，字字感人，好似阿瑗也活了过来，常伴妈妈左右。

> 我们仨，却不止三人。每个人摇身一变，可变成好几个人。例如，阿瑗小时才五六岁的时候，我三姐就说："你们一家呀，阿瑗头最大，钟书最小。"我的姐姐妹妹都认为三姐说得对。阿瑗长大了，会照顾我，像姐姐；会陪我，像妹妹；会管我，像妈妈。阿瑗常说：我和爸爸最"哥们儿"，我们是妈妈的两个顽童，爸爸还不配做我的哥哥，只配做弟弟。"我又变为最大的。"钟书是我们的老师。我和阿瑗都是好学生，虽然近在咫尺，我们如有问题，问一声就能解

决。可是我们决不打扰他，我们都勘查字典，到无法自己解决才发问。他可高大了。但是他穿衣吃饭，都需我们母女把他当孩子般照顾，他又很弱小。

无奈世间好物不坚牢，彩云易散琉璃脆。抓不住的只能去缅怀，真正应该做的是珍惜当下，对人接物诚心真意，莫让自己愧了心，莫让别人冷了心，镌刻一份美好回忆。《我们仨》于2003年出版，至今已销售五十多万册，在当下这个崇尚物质、人情淡漠的社会折射出人们对于真情的渴望与寻求。

2005年新年，杨绛先生因为感冒入院治疗，出院后写下在病床上想好的一个题目：《走在人生边上》。此后花费两年的时间，写写停停，思虑良久，寻求这一生的答案，这自问自答式的书写，回顾了百年人生的酸甜苦辣。译作《斐多篇》是哲学理性地思考生死，是冷静地寻求生命归宿的书写；《我们仨》是以浓浓亲情与不尽思念对于亲人的重塑；《自问自答》则是作者要穿越生死界线，与亲人重聚交流的渴望和追求。杨绛先生甚至想象自己将以如何的面貌与天上的亲人相聚：

如果是现在的这副面貌，钟书、阿瑗会认得，可是我爸爸妈妈肯定不认得了。……我若说："我是阿季。"妈妈会惊奇说："阿季吗？没一丝影儿了。"

> 我离开妈妈出国时，只二十四岁。妈妈会笑说：“你倒比我老了！”爸爸和我分别时，我只三十三岁，爸爸会诧异说：“阿季老成这副模样，爸爸都要叫你娘了。”
>
> 十五六岁的形态面貌上天，爸爸妈妈当然喜欢，可是钟书，阿瑗都不会认得我，都不肯认我，钟书绝不敢把这个清秀的小姑娘当作老伴，阿瑗也只会把我看作她的孙女儿。

对于杨绛先生而言，年老时的书写已然不是为了塑造与倾诉，而是为了探寻，她不依据任何已有的理论或是宗教，凭借着自己百年的人生经历独立思考，一步一步自问自答地探索人生的价值和灵魂的去向，对于能证实的肯定，不能证实的存疑。当下这个只看重物质现实、不相信精神价值的时代让杨绛先生感到忧虑，她反问这个世界：真善美能看见吗？能摸到吗？可这些确实存在，而人生的信念也是看不见的，只能领悟。

《走到人生边上》是杨绛在人生边上发出的最后的声音，以自己坚定的信念回击所有的虚无主义，她告诉人们，人生必须要有不懈的追求，要懂得生死的价值。这是一本奇书，对于读者的影响不仅仅是使人读到了杨绛的思考与人生，更重要的是给人们以启发，增强活下去的信心。

杨绛先生走过一百岁的人生，可她不会停歇下来，按她自己的话说，自己已经站在人生边上，可仍旧心明眼亮，思维清晰，她还在这人世间寻找，寻找她的家。

杨绛传

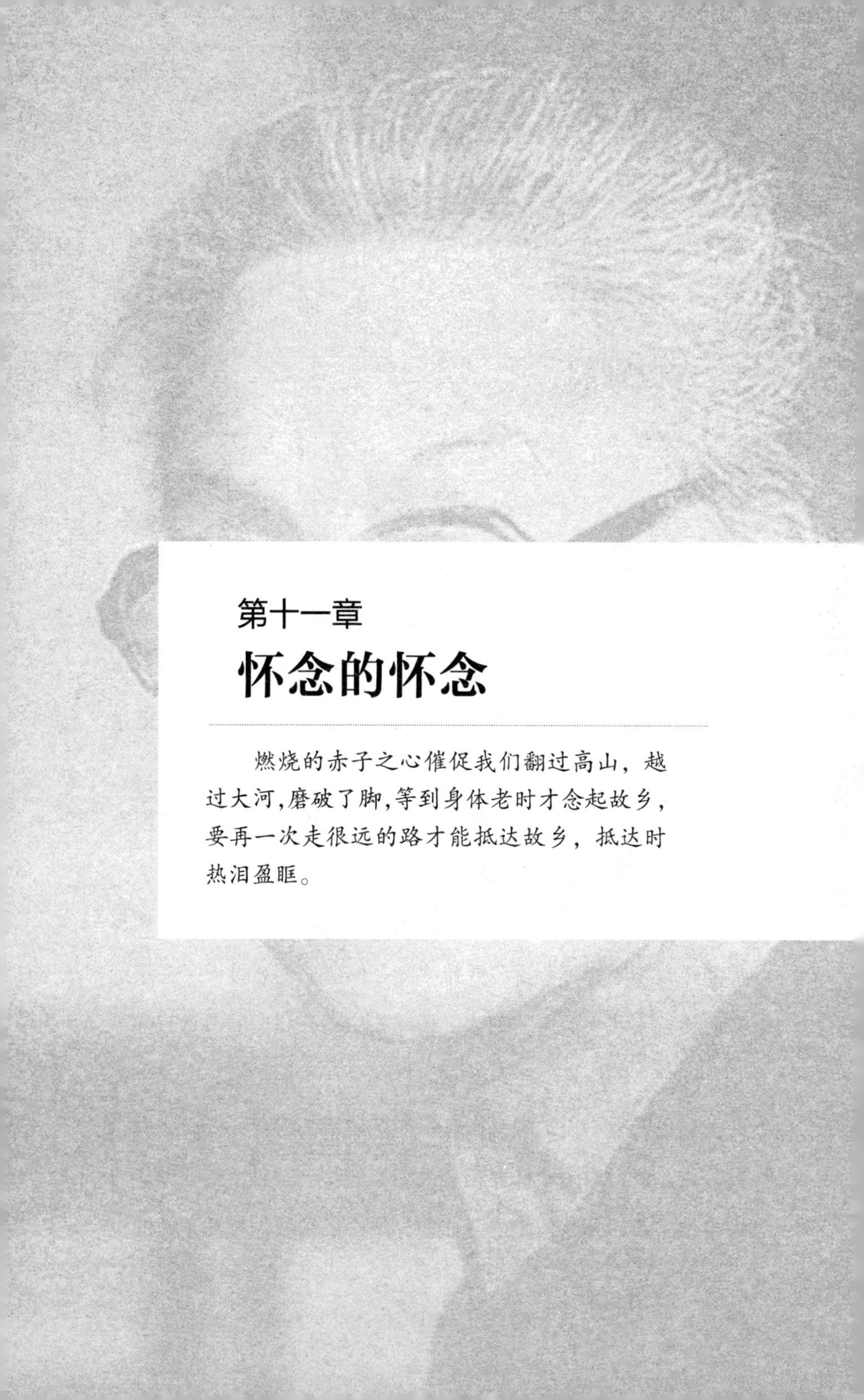

第十一章

怀念的怀念

燃烧的赤子之心催促我们翻过高山，越过大河,磨破了脚,等到身体老时才念起故乡，要再一次走很远的路才能抵达故乡，抵达时热泪盈眶。

人世别离

人这一生有很多事情要去学习，但一辈子最大最不容易学会的事情就是接受。我们要去接受死亡，包括自己的死亡，也包括他人的死亡。要是更残酷一点，再也不见的分别我想也是一种死亡。

那么，生活是否应该被死亡的荫翳遮蔽呢？这一生，泪水与欢笑也教会我们死亡的意义在于想念，在于珍惜，在于怀念。

2016年5月25日凌晨一点，杨绛先生离开了我们，这颗辉煌的星整整燃烧了一百〇五年，却在倏忽之间划过天际去了远方。得益于现今信息的发达，杨绛先生离开我们的消息，并不是一则晚来的伤痛，夜幕低垂时她挥手与我们告别，天光乍亮时我们已经看不见她的身影，恰如她留下的遗言：要火化后再发讣告。静得像是一株莲花，亮得又像是一颗星，她的世界自顾自地繁华，那些留下的著作像窗户一般帮我们打开了她的世界，我们学到了那种恬淡而沁入骨髓的大美。

杨绛先生自从钱瑗、钱钟书去世后，长达十八年的时间里贯穿她内心的是思念，但并不是无望的思念，她知道终有那么一天他们会团聚，像是从前在三里河、在巴黎、在伦敦那般点灯读书，看钱瑗钱钟书与她闹。只是她还没有完成钱钟书交代她的事情，她是最贤的妻怎么舍得负钟书。

一个人像是旅人一般活在人世，从前的家不过是驿站，她不断跋涉，她把曾走过的路写成书郑重地交给我们。所谓与杨绛先生的告别，其实从读她第一本书就开始了，山一程，水一程，送了一程又一程。我们还是要与她告别。

杨绛曾于振华女校当校长，后又在清华大学任教，她在著作中送给我们一些话，让我们读懂人生的真谛。

关于读书，她说："你的问题主要在于读书不多而想得太多。"

关于生活，她说："一个人有了信仰，对人生才能有正确的价值观。……我站在人生边上，向后看，是要探索人生的价值。人活一辈子，锻炼了一辈子，总会有或多或少的成绩。能有成绩，就不是虚生此世了。"

关于爱情，她说："月盈则亏，水满则溢，爱情到这里就可以了，我不让它溢出来。"

关于婚姻，她说："男女结合最最重要的是感情，双方互相理解的程度，理解深才能互相欣赏吸引，支持和鼓励，两情相悦。门当户对及其他并不重要。”

关于幸福，她说：“上苍不会让所有幸福集中到某个人身上，得到爱情未必拥有金钱，拥有金钱未必拥有快乐，拥有快乐未必拥有健康，拥有健康未必一切都会如愿以偿，保持知足常乐的心态才是淬炼心智，进化心灵的最佳途径。”

而对于别离，她也曾写道：“世间好物不坚牢，彩云易散琉璃脆。”

人在离世之前总会告别，而告别不会真正等到离世的那一刻，告别的话语往往掺杂在往日的言语中，只有当我们开始怀念时才会发现。

铅华洗尽，人归去

钱钟书因为《围城》一书得到很多读者的喜爱，读者来信多，钱钟书尽量每封信都予以回复，他曾笑着对杨绛说，这些都是他欠下的“债”，要还。杨绛先生也是惦念她的读者的，所以往日里的那些词句像是跟我们告别，怕欠了“债”。

杨绛先生这一生过得极为朴素，从当初随钱钟书留学舍不得问父亲要学费而放弃了自己钟爱的文学系，到后来一家人一直住在三里河的小房子里，无论钱钟书是否已经就任社科院副院长。钱钟书与钱瑗去世后，她一人生活更加朴素。有一次杨绛出席会议，穿着一双别致的鞋子，有人夸她鞋子好看。杨绛说，鞋子是钱瑗的。她朴素得让人心酸，可这份朴素却如一颗珍珠般，在她合十的双手间熠熠生辉。文字从她的笔端流出，淬炼着这位百年老人的思想与精神，在那些孤独而清冷的夜里，这些书给予我们莫大的安慰。对于金钱，她只觉够用就好，把她与丈夫钱钟书的稿费全部捐给了清华大学“好读书奖学金”，人民文学出版社每年都会直接将稿费寄给清华大学，现在累计已近两千万。

一个人活在世上，总要有信仰，除了信仰之外最好还能有些情怀。杨绛先生那一代知识分子，是有情怀的。虽然这个词现今已经被用滥了，但一个时代总会有一批人代表那个时代的风骨，这种风骨撑起了中华民族的脊梁。当初抗战胜利之时，国外诸多大学向钱钟书与杨绛发来邀请，但他们宁愿选择留在祖国坐冷板凳，杨绛先生说，外国的月亮并不比中国的圆。后经历“文革”虽然被打为“牛鬼蛇神”，但不卑不亢，从未生过半点怨言。所谓情怀，情则心系民众，怀则兼济天下。

钱钟书去世时，时任国家主席江泽民发来慰问，世界各地政治家、文学家都发来唁函。杨绛先生的去世比起钱钟书先生更显低调，恰如她在世时说的想做一个“0”，穿上“隐身衣”，大隐隐于市。可怀念还是在5月的这几日成为了主题，网络上频繁的刷屏文章，新华社的社评，使得并不知道杨绛先生是谁的人也知道有个伟大的人去了。

从前对于离开的人我们会说，走的时候带上我；后来我们说，走的时候记得告诉我一声；再后来我们说，走的时候请走好。人与人的关联从急切地需要、肯定、接纳，到后来的各自安好，这种蜕变是痛苦的。快乐或是悲伤的源头，从别人身上转移到自己身上。杨绛先生说，世界是自己的，与他人无关。那么我想她走了，我们也只能轻轻道一句，走好。

想念这头猛兽追着这位老人奔波了十几年，她写了一本又一本的书。在最孤苦的时候，她写下《我们仨》试图在笔下让挚爱的亲人再度活过来。

杨绛先生从前忙于事业、家庭，疏于与钱钟书和钱瑗的联系，钱钟书埋怨她不写信，年幼的钱瑗埋怨她只顾着教书改卷子。后来两人先走，留给杨绛从前欠下的想念，杨绛还完了这些想念。

燃烧的赤子之心催促我们翻过高山，越过大河，磨破了脚，等到身体老时才念起故乡，要再一次走很远的路才能抵达故乡，抵达时热泪盈眶。你瞧，人与人的相聚相离多像是回归故里，我们曾以为珍贵的不在眼前，我们曾以为挚爱会永久，我们曾以为家一直在，直到梦醒了，人散了，路尽了，才想起回来。

回来这条路对于杨绛先生来说，太过艰难，褪去才华与荣誉的外衣，她不过是风烛残年的老人，三里河的家里永远挂着他们三人的合影，从左至右：杨绛、钱瑗、钱钟书。

而如今，她终于回家了。

后记

从第一次知道杨绛，到成为一个浅薄的书写者，时间跨度大致是四年，当时有幸读到的第一本杨绛先生的著作是《走在人生边上——自问自答》，感叹于她用笔的轻快与那份纯真，描写起鬼神之说来犹如孩童。查阅资料才知道，杨绛写这本书的时候已经九十四岁高龄。

她把所有的智慧传授给我们的时候已经返璞归真，让人深感震撼。

她的一生磨难大于幸福，大概所有人的人生都是如此吧。写至杨绛先生的亲人相继离世时，隔壁卧室的母亲忽然敲门，问我，要不要喝茶水，想到母亲也会有一日离开我，忽然感伤无比，杨绛先生的心情感同身受。

时间做的铠甲，在这位百岁老人身上早已化成宠辱不惊的气势，回顾先生的一生，从民国时代到新中国，战事，国事，闹事，家事，事事为真情，事事有风骨。

写书的这一年，我经历了祖母与外婆的去世，在给祖母守灵的夜晚，屋外忽然下起小雨，望着祖母慈祥的遗像，清冷的风吹得眼泪又落了下来。我自问自答似的问父亲，人会有下一世吗？父亲说，应该不会吧。

我得到了预料之内的答案，如我想的一般。人啊，总不能怀揣着对下一世的期待而让今生留有太多遗憾，总要用尽一世的热情与力气去过好这一生，这样才不会虚度。

所幸写到了杨绛先生，她告诉我人生的幸福，应该是珍惜当下，不惧将来。

书稿写到后期，某日在上班途中忽接到出版社的电话告知杨绛先生去世，需加上一章并对书稿进行修订。内心震撼之余又有浓浓的悲伤之情腾升而起。

写作时间虽说不长，短短几个月，查阅资料，像个孩童一般一点一滴地借由书本摸索进入杨绛先生的人生。写到她与钱钟书先生游学时，内心无比幸福与激动；写到她在抗战及“文革”时遭受苦难自强不息时，忍不住叹气握拳；写到她的至亲相继离世时，眼睛也含了泪……

杨绛先生写的《我们仨》，是我枕边的常备书，睡前常来翻阅，书稿写完时已经翻得书角起了皱。她的思念与人生，我站在观众的角度去看，从动情到叹息与慨叹，这位文学巨匠以不卑不亢、静怡勤奋的姿态悄悄在我心里埋下了一颗种子。

如果说，杨绛先生留下了什么，不光是那一本本在书架上的著作，更应该有她给予人们的生活信念和一个亲切而温暖的梦。现今她走了，在这寂静而深邃的夜空里再也看不见那颗闪烁的星了。

我知道她去了远方，回了家，我万分祝愿她，走好。